왕초보 생활일본어 100

100

HD어학교재연구회

이 책의 특징

1. 실생활에서 가장 많이 쓰는 다양한 예문 수록!
– 언제 어디서든 어떤 상황에 마주쳐도 효과적으로 대처할 수 있다!

2. 100가지 상황에 맞게 골라 쓰는 핵심표현 수록!
– 즉석에서 활용할 수 있어 초보자에게 딱 맞는 일본어회화!

3. 원어민 표준 발음을 살린 한글 발음 표기!
– 이 책 한권이면 입에서 술술 생활 일본어가 터진다!

4. 생활 일단어와 간단한 표현을 정리한 생생 key-word
– 상황에 맞는 단어와 간단한 표현을 배울 수 있는 보너스 코너!

5. 책속부록 : 왕초보 미니사전
– 콕콕 찍어주는 정보 Box와 꼭 필요한 왕초보 필수단어 수록!

이 책의 구성

<왕초보 생활일본어 100>은 어떤 상황에 마주쳐도 효과적으로 대처할 수 있도록 실생활에서 가장 많이 쓰이는 100가지 상황을 상정하여 각각의 상황에 적절한 핵심표현들을 수록하였습니다. 이 책은 일본어에 대한 기초 지식이 없어도 최소한의 의사소통이 가능하도록 필수 기초회화를 중점적으로 다루고 있습니다. 상황에 맞게 골라 쓸 수 있는 다양한 예문과 생활 속에서 즉석으로 활용할 수 있는 기초 일본어 표현으로 초보자들도 쉽게 생활일본어를 익힐 수 있습니다.

- *Chapter 1* **인사 예절 일본어**(Greeting Manners Japanese)

반갑게 건네는 인사말과 서로 안부를 묻고 전할 때, 소개할 때, 가족관계와 직업을 물을 때 등 생활 속 인사예절 표현을 담았습니다.

- *Chapter 2* **감정표현 일본어**(Feeling Expression Japanese)

감사의 마음을 표현하고 축하나 위로를 전하는 말, 놀라거나 당황했을 때, 화가 날 때의 표현 등 우리의 생생한 느낌과 마음을 그대로 표현할 수 있는 다양한 감정 표현을 담았습니다.

- *Chapter 3* **알짜 생활 일본어**(Everyday Life Japanese)

날짜와 시간을 알아볼 때, 약속을 정할 때, 전화할 때, 교통편을 이용할 때, 레스토랑 이용할 때, 쇼핑을 즐길 때 등 일상생활에서 가장 많이 쓰는 기본 표현을 담았습니다.

- *Chapter 4* **의사소통 일본어**(Communication Japanese)

질문을 주고받고 자기 생각을 말할 때, 협상이나 의견을 조율할 때, 제안이나 부탁할 때, 이해했는지 물을 때 등 상대방과의 의사소통을 위한 다양한 표현을 담았습니다.

- *Chapter 5* **생생 상황 일본어**(Circumstance Japanese)

손님을 초대하고 접대할 때, 우체국, 은행, 병원, 약국, 세탁소, 미용실 이용할 때 등 상황별, 장소별로 바로바로 찾아서 즉석에서 활용할 수 있는 표현을 담았습니다.

- *Chapter 6* **해외여행 일본어**(Overseas Travel Japanese)

공항에서 출입국수속을 할 때, 호텔이나 관광지에서 부딪치는 문제, 귀국할 때 등 해외여행에 필요한 다양한 상황별 표현을 담았습니다.

- *Chapter 7* **여가&취미생활 일본어**(Leisure & Dilettante life Japanese)

주말에 영화나 공연을 감상할 때, 음악, 미술, 스포츠 즐길 때 등 취미나 여가시간을 보낼 때 유용하게 쓸 수 있는 표현을 담았습니다.

차 례 _ 왕초보 생활일본어 100

Chapter 3 가장 많이 쓰는 기본표현! 알짜 생활 일본어

Chapter 4 왕초보도 술술! 의사소통 일본어

Chapter 5 바로바로 골라 쓴다! 생생 상황 일본어

Chapter 6 *한번에 통하는 GO! 해외여행 일본어*

Chapter 7 신나게 즐기자! 여가 & 취미생활 일본어

책속부록 왕초보 미니사전

콕콕 찍어주는 정보 BOX

일본어_문자와 발음

일본어 문자에는 히라가나와 가타카나가 있고 한자를 병행하여 쓴다.
일본 문자를 행(行)과 단(段)으로 나누어 표로 배열한 것을
'오십음도' 라고 한다.
일본어 발음은 청음, 탁음, 반탁음, 요음, 발음, 촉음, 장음 등의
7가지 형태가 있다.

• ひらがな(히라가나) •

	あ단	い단	う단	え단	お단
あ행	あ 아[a]	い 이[i]	う 우[u]	え 에[e]	お 오[o]
か행	か 카[ka]	き 키[ki]	く 쿠[ku]	け 케[ke]	こ 코[ko]
さ행	さ 사[sa]	し 시[si]	す 스[su]	せ 세[se]	そ 소[so]
た행	た 타[ta]	ち 치[chi]	つ 츠[tsu]	て 테[te]	と 토[to]
な행	な 나[na]	に 니[ni]	ぬ 누[nu]	ね 네[ne]	の 노[no]
は행	は 하[ha]	ひ 히[hi]	ふ 후[hu]	へ 헤[he]	ほ 호[ho]
ま행	ま 마[ma]	み 미[mi]	む 무[mu]	め 메[me]	も 모[mo]
や행	や 야[ya]		ゆ 유[yu]		よ 요[yo]
ら행	ら 라[ra]	り 리[ri]	る 루[ru]	れ 레[re]	ろ 로[ro]
わ행	わ 와[wa]				を 오[wo]
ん행	ん 응[ŋ]				

• カタカナ(가타카나) •

	ア단	イ단	ウ단	エ단	オ단
ア행	ア 아[a]	イ 이[i]	ウ 우[u]	エ 에[e]	オ 오[o]
カ행	カ 카[ka]	キ 키[ki]	ク 쿠[ku]	ケ 케[ke]	コ 코[ko]
サ행	サ 사[sa]	シ 시[si]	ス 스[su]	セ 세[se]	ソ 소[so]
タ행	タ 타[ta]	チ 치[chi]	ツ 츠[tsu]	テ 테[te]	ト 토[to]
ナ행	ナ 나[na]	ニ 니[ni]	ヌ 누[nu]	ネ 네[ne]	ノ 노[no]
ハ행	ハ 하[ha]	ヒ 히[hi]	フ 후[hu]	ヘ 헤[he]	ホ 호[ho]
マ행	マ 마[ma]	ミ 미[mi]	ム 무[mu]	メ 메[me]	モ 모[mo]
ヤ행	ヤ 야[ya]		ユ 유[yu]		ヨ 요[yo]
ラ행	ラ 라[ra]	リ 리[ri]	ル 루[ru]	レ 레[re]	ロ 로[ro]
ワ행	ワ 와[wa]				ヲ 오[wo]
ン행	ン 응[ŋ]				

1. 청음

맑게 소리 나는 음으로 오십음도에서 'ん [응]'을 제외한 모든 음을 말한다.

あ	い	う	え	お
ア	イ	ウ	エ	オ
아[a]	이[i]	우[u]	에[e]	오[o]

'あ, い, お'는 우리말의 [아, 이, 오]와 거의 비슷한 발음이고, 'う'는 [우]와 [으]의 중간 발음, 'え'는 [애]와 [에]의 중간 발음이다.

か	き	く	け	こ
カ	キ	ク	ケ	コ
카[ka]	키[ki]	쿠[ku]	케[ke]	코[ko]

'か'행은 [ㄱ]과 [ㅋ]의 중간 발음이다. 단어의 첫머리에 올 때는 [가, 기, 구, 게, 고]와 비슷하고 단어의 중간이나 끝에 올 때는 [까, 끼, 꾸, 께, 꼬]로 발음한다.

さ	し	す	せ	そ
サ	シ	ス	セ	ソ
사[sa]	시[si]	스[su]	세[se]	소[so]

'さ'행은 우리말의 [사, 시, 스, 세, 소]와 발음이 같다. 'し'의 발음은 [쉬]에 가까운 [시]로 발음하고, 'す'는 [수]보다는 [스]에 가깝게 발음한다.

た	ち	つ	て	と
タ	チ	ツ	テ	ト
타[ta]	치[chi]	츠[tsu]	테[te]	토[to]

'た, て, と'는 [ㄷ]과 [ㅌ]의 중간 발음이다. 말의 첫머리에 올 때는 [다, 데, 도]라고 발음하고, 중간이나 끝에 올 때는 [따, 떼, 또]라고 발음한다. 'ち'는 [치]에 가까운 발음이지만 두 번째 음절에 오면 [찌]로 발음하고 'つ'는 [츠], [쯔], [쓰]의 복합적인 발음이다.

な	に	ぬ	ね	の
ナ	ニ	ヌ	ネ	ノ
나[na]	니[ni]	누[nu]	네[ne]	노[no]

'な'행의 발음은 우리말의 [ㄴ]음과 거의 같다. [나, 니, 누, 네, 노]라고 발음한다.

は	ひ	ふ	へ	ほ
ハ	ヒ	フ	ヘ	ホ
하[ha]	히[hi]	후[hu]	헤[he]	호[ho]

'は'행의 발음은 우리말의 [ㅎ]음과 거의 같다. 'へ[헤]]'와 'ほ[호]'의 음은 때로 [에]와 [와]로 바뀌는 경우가 있다. 'ふ'는 [후]와 [흐]의 중간음으로 발음한다.

ま	み	む	め	も
マ	ミ	ム	メ	モ
마[ma]	미[mi]	무[mu]	메[me]	모[mo]

'ま'행의 발음은 우리말의 [ㅁ]과 거의 같다. [마, 미, 무, 메, 모]라고 발음한다.

や		ゆ		よ
ヤ		ユ		ヨ
야[ya]		유[yu]		요[yo]

'や, ゆ, よ'의 발음은 우리말의 [야], [유], [요]와 거의 같고 반모음으로 쓰인다.

ら	り	る	れ	ろ
ラ	リ	ル	レ	ロ
라[ra]	리[ri]	루[ru]	레[re]	로[ro]

'ら'행의 발음은 우리말의 [ㄹ]과 거의 같다. [라, 리, 루, 레, 로]라고 발음한다.

わ				を
ワ				ヲ
와[wa]				오[wo]

'わ'행의 발음은 우리말의 [와]와 거의 같다. 'を[오]'는 あ행의 'お'와 발음이 같지만 우리말의 [~을, ~를]처럼 조사로만 쓰인다.

2. 탁음

탁음이란 청음에 비해 탁한 소리를 말한다. 'か[카], さ[사], た[타], は [하]' 행의 문자 오른쪽 윗부분에 탁점 '˝'이 붙은 음을 가리킨다.

ひらがな(히라가나)					カタカナ(가타카나)				
が	ぎ	ぐ	げ	ご	ガ	ギ	グ	ゲ	ゴ
가[ga]	기[gi]	구[gu]	게[ge]	고[go]	가[ga]	기[gi]	구[gu]	게[ge]	고[go]
ざ	じ	ず	ぜ	ぞ	ザ	ジ	ズ	ゼ	ゾ
자[za]	지[zi]	즈[zu]	제[ze]	조[zo]	자[za]	지[zi]	즈[zu]	제[ze]	조[zo]
だ	ぢ	づ	で	ど	ダ	ヂ	ヅ	デ	ド
다[da]	지[zi]	즈[zu]	데[de]	도[do]	다[da]	지[zi]	즈[zu]	데[de]	도[do]
ば	び	ぶ	べ	ぼ	バ	ビ	ブ	ベ	ボ
바[ba]	비[bi]	부[bu]	베[be]	보[bo]	바[ba]	비[bi]	부[bu]	베[be]	보[bo]

3. 반탁음

반탁음은 'は[하]' 행의 다섯 글자 'は[하], ひ[히], ふ[후], へ[헤], ほ [호]' 글자의 오른쪽 위에 반탁점 '˚'을 붙인 음을 말한다. 말머리에서는 [ㅍ]음이 되지만, 말의 중간이나 끝에 오면 [ㅃ]음으로 발음한다.

ひらがな(히라가나)					カタカナ(가타카나)				
ぱ	ぴ	ぷ	ぺ	ぽ	パ	ピ	プ	ペ	ポ
파[pa]	피[pi]	푸[pu]	페[pe]	포[po]	파[pa]	피[pi]	푸[pu]	페[pe]	포[po]

※ 청음과 탁음 발음에 주의하자

특히 'か(카)' 행과 'た(타)' 행은 청음과 탁음의 구별이 어려우니 발음에 주의해야 한다.

4. 요음

요음은 각 자음의 음에 'ゃ[야], ゅ [유], ょ [요]'를 작게 붙여서 표기한다.
요음을 발음할 때는 장음이 되지 않게 짧게 끊어서 발음해야 한다.

ひらがな(히라가나)			カタカナ(가타카나)		
きゃ	きゅ	きょ	キャ	キュ	キョ
캬[kya]	큐[kyu]	쿄[kyo]	캬[kya]	큐[kyu]	쿄[kyo]
しゃ	しゅ	しょ	シャ	シュ	ショ
샤[sya]	슈[syu]	쇼[syo]	샤[sya]	슈[syu]	쇼[syo]
ちゃ	ちゅ	ちょ	チャ	チュ	チョ
챠[cya]	츄[chu]	쵸[cyo]	챠[cya]	츄[chu]	쵸[cyo]
にゃ	にゅ	にょ	ニャ	ニュ	ニョ
냐[nya]	뉴[nyu]	뇨[nyo]	냐[nya]	뉴[nyu]	뇨[nyo]
ひゃ	ひゅ	ひょ	ヒャ	ヒュ	ヒョ
햐[hya]	휴[hyu]	효[hyo]	햐[hya]	휴[hyu]	효[hyo]
みゃ	みゅ	みょ	ミャ	ミュ	ミョ
먀[mya]	뮤[myu]	묘[myo]	먀[mya]	뮤[myu]	묘[myo]
りゃ	りゅ	りょ	リャ	リュ	リョ
랴[rya]	류[ryu]	료[ryo]	랴[rya]	류[ryu]	료[ryo]
ぎゃ	ぎゅ	ぎょ	ギャ	ギュ	ギョ
갸[gya]	규[gyu]	교[gyo]	갸[gya]	규[gyu]	교[gyo]
じゃ	じゅ	じょ	ジャ	ジュ	ジョ
쟈[zya]	쥬[zyu]	죠[zyo]	쟈[zya]	쥬[zyu]	죠[zyo]
びゃ	びゅ	びょ	ビャ	ビュ	ビョ
뱌[bya]	뷰[byu]	뵤[byo]	뱌[bya]	뷰[byu]	뵤[byo]
ぴゃ	ぴゅ	ぴょ	ピャ	ピュ	ピョ
퍄[pya]	퓨[pyu]	표[pyo]	퍄[pya]	퓨[pyu]	표[pyo]

5. 발음

발음 'ん [응]'은 콧소리로 다른 글자 밑에서 받침과 같은 역할을 하지만, 우리말의 받침과는 다르게 하나의 음절 길이를 갖는 것이 특징이다. 'ん'은 뒤에 오는 음에 따라서 'ㄴ·ㅁ·ㅇ' 등으로 발음한다.

1) 「ㄴ (n)」으로 발음되는 경우 : 'さ[사]·ざ[자]·た[타]·だ[다]·な [나]·ら[라]' 행의 글자 앞에 올 때에는 'ㄴ'으로 발음한다.

- 여자 おんな [온나]
- 한자 かんじ [칸지]
- 운동 うんどう [운도-]
- 친절 しんせつ [신세쯔]

2) 「ㅁ (m)」으로 발음되는 경우 : 'ま[마]·ば[바]·ぱ[파]' 행의 글자 앞에 올 때에는 'ㅁ'으로 발음한다.

- 연필 えんぴつ [엠삐쯔]
- 잠자리 とんぼ [돔보]
- 산보 さんぽ [삼뽀]
- 신문 しんぶん [심붕]

3) 「ㅇ (ng)」으로 발음되는 경우 : 'か[카]·が[가]' 행의 글자 앞에 올 때에는 'ㅇ'으로 발음한다.

- 만화 まんが [망가]
- 음악 おんがく [옹가꾸]
- 전기 でんき [뎅끼]
- 사과 りんご [링고]

4) 콧소리 모음으로 발음되는 경우 : 위의 세 경우를 제외한 모든 경우와 ん [응]으로 끝날 때는 콧소리 모음으로 발음한다.

- 서점 ほんや [홍야]
- 전화 でんわ [뎅와]
- 친구 しんゆう [싱유-]
- 미안합니다 すみません [스미마셍]

6. 촉음

촉음은 'つ'를 글자 사이에 작은 글자로 써서 표시하는데 우리말의 받침과 같이 사용한다. 이 촉음 역시 뒤에 오는 음에 따라서 발음이 조금씩 다르다.

1) 「ㄱ」으로 발음하는 경우 : か[카]행 앞에 오면 'ㄱ(k)'받침으로 발음한다.

- 학교 がっこう [각꼬-]
- 일기 にっき [닉끼]
- 실험 じっけん [직껭]
- 발견 はっけん [학껭]

2) 「ㅅ」으로 발음하는 경우 : さ[사]행 앞에 오면 'ㅅ(s)'받침으로 발음한다.

- 잡지 ざっし [잣시]
- 한 권 いっさつ [잇사쯔]

3) 「ㄷ」으로 발음하는 경우 : た[타]행 앞에 오면 'ㄷ(t)'받침으로 발음한다.

- 완전히 まったく [맏따꾸]
- 우표 きって [긷떼]

4) 「ㅂ」으로 발음하는 경우 : ぱ[파]행 앞에 오면 'ㅂ(p)'받침으로 발음한다.

- 표 きっぷ [깁뿌]
- 실패 しっぱい [십빠이]

※ 「つ(쯔)」와 「す(스)」
「つ(쯔)」는 일본어 특유의 발음으로 우리가 가장 틀리기 쉬운 발음이다. 특히 「す(스)」와의 구별이 어렵다.

※ 「ざ・ず・ぜ・ぞ(쟈・즈・제・죠)」와 「じゃ・じゅ・じょ(쟈・쥬・죠)」
이들 음은 우리말에 발음이 없기 때문에 가장 혼동하기 쉬운 발음이다.

7. 장음

모음에는 단음과 장음이 있다. 장음이란 소리를 길게 발음하는 것을 말하며 장음을 만드는 데 쓰이는 글자는 'あ[아]・い[이]・う[우]・え[에]・お[오]'의 다섯 글자이다. 가타카나의 경우에 장음은 「ー」로 표기한다. 특히, 장음의 유무에 따라서 뜻이 달라지는 단어가 많으므로 주의해야 한다.

1) あ장음 = あ단 + あ : あ[아]단 다음에 'あ[아]'를 덧붙여 쓴다.

- 할머니 おばあさん [오바ー상]
- 어머니 おかあさん [오까ー상]

2) い장음 = い단 + い : い[이]단 다음에 'い[이]'를 덧붙여 쓴다.

- 할아버지 おじいさん [오지ー상]
- 오빠 おにいさん [오니ー상]

3) う장음 = う단 + う : う[우]단 다음에 'う[우]'를 덧붙여 쓴다.

- 우편 ゆうびん [유ー빙]
- 공기 くうき [구ー끼]

4) え장음 = え단 + い/え : え[에]단 다음에 'い[이]]' 또는 'え[에]'를 덧붙여 쓴다.

- 언니 おねえさん [오네ー상]
- 선생 せんせい [센세ー]

5) お장음 = お단 + お/う : お단 다음에 'お[오]' 또는 'う[우]'를 덧붙여 쓴다.

- 모자 ぼうし [보ー시]
- 많다 おおい [오ー이]

Chapter 1
Greeting Manners Japanese

누구를 만나든 웃는 얼굴로 반갑게 인사를 건네는 사람을 보면
첫인상이 좋은 것은 물론 예의바른 사람이구나 하는 마음에 더 호감이
갑니다. 간단한 인사말과 예의를 갖추는 모습이 두고두고 좋은
이미지를 만든다는 것을 잊지 마세요. 이 장에서는 반갑게 건네는
인사말과 서로 안부를 묻고 전할 때, 소개할 때, 가족관계와 직업을
물을 때, 아쉽게 작별할 때, 다시 만날 것을 기약할 때 등
생활 속 인사예절 표현들을 담았습니다.

1_ 첫인상을 아름답게!
인사 예절 일본어

실패는 성공의 어머니다.

失敗(しっぱい)は 成功(せいこう)のもと。

[싯빠이와 세이코우노 모또]

➡ 안녕하세요?

おはよう ございます。

≫ (아침인사) 안녕?

おはよう。
오하요-

≫ (아침인사) 안녕하세요?

おはよう ございます。
오하요- 고자이마스

≫ (점심인사) 안녕하세요?

こんにちは。
곤니찌와

≫ (저녁인사) 안녕하세요?

こんばんは。
곰방와

≫ 안녕히 주무세요.

おやすみなさい。
오야스미나사이

≫ 잘 지내십니까?

お元気ですか。
오겡끼데스까

>> 그저 그렇습니다.

まあまあです。

마ー마ー데스

>> 덕분에 잘 지내요. 당신은 어때요?

おかげさまで 元気です。あなたの ほうは。

오까게사마데 겡끼데스. 아나따노 호ー와

>> 날씨가 참 좋죠?

天気が とても いいですね。

텡끼가 토테모 이ー데스네

>> 별일 없으신가요?

お変り ありませんか。

오까와리 아리마셍까

>> 날씨가 좋군요. 어디 가세요?

いい 天気ですね。今、どこへ。

이ー 뎅끼데스네. 이마, 도꼬에

>> 오늘 기분은 어떠신가요?

今日の ご気分は いかがですか。

쿄ー노 고끼붕와 이까가데스까

>> 무슨 좋은 일이라도 있습니까?

何か いい ことでも あるんですか。

낭까 이ー 고또데모 아룬데스까

⏵ 그동안 어떠셨어요?

その後(ご) どうでしたか。

≫ 오랜만이군요.

しばらくぶりですね。

시바라꾸 부리데스네

≫ 참 오랜만이군요.

本当(ほんとう)に ひさしぶりですね。

혼또-니 히사시부리데스네

≫ 오랫동안 소식을 못 드렸어요.

ごぶさたしました。

고부사따시마시따

≫ 이게 몇 년 만인가요?

やあ、何年(なんねん)ぶりですか。

야- 난넴부리데스까

≫ 어떻게 지냈어?

どうしていたの。

도-시떼 이따노

≫ 요즘은 어떠신가요?

この頃(ごろ)は いかがですか。

고노고로와 이까가데스까

>> 별고 없으셨습니까?

お変わりありませんでしたか。

오까와리 아리마센데시다까

>> 다시 뵙게 되어 반가워요.

また お会いできて うれしいですね。

마따 오아이데끼떼 우레시-데스네

>> 그동안 어떠셨어요?

その後 どうでしたか。

소노고 도-데시다까

>> 여전하시네요.

相変わらずですね。

아이까와라즈데스네

>> 건강해 보이시네요.

元気そうですね。

겡끼 소-데스네

>> 전혀 안 변했어요.

ぜんぜん 変わらないね。

젠젱 가와라나이네

>> 세월이 참 빠르군요.

歳月は 速いもんですね。

사이게쯔와 하야이몬데스네

🔘 사업은 잘 되십니까?
事業(じぎょう)は うまく いっていますか。

>> 요즘 어떻게 지내세요?
この頃 どう 過ごされていますか。
고노고로 도– 스고사레떼 이마스까

>> 건강은 어떠세요?
お加減はいかがですか。
오카겡와 이까가데스까

>> 가족 분들은 잘 지내시나요?
ご家族の 皆さんは 元気ですか。
고카조꾸노 미나상와 겡끼데스까

>> 부모님께서는 잘 지내십니까?
ご両親は お元気ですか。
고료–싱와 오겡끼데스까

>> 모두들 잘 지냅니다.
みんな 元気です。
민나 겡끼데스

>> 부모님께 안부 전해주세요.
ご両親に よろしく。
고료–신니 요로시꾸

>> 가족 모두에게 부디 안부 전해주세요.

ご家族の方に くれぐれも よろしく お伝えください。

고카조꾸노 가따니 쿠레구레모 요로시꾸 오쯔따에 구다사이

>> 여러분께 안부 전해주세요.

皆様に よろしく。

미나사마니 요로시꾸

>> 무엇 때문에 그리 바쁘셨어요?

何のために 忙しかったんですか。

난노 다메니 이소가시깟딴데스까

>> 사업은 잘 되십니까?

事業は うまく いっていますか。

지교-와 우마꾸 잇떼 이마스까

생생 Key-word

• 일본어를 잘하는 첫 번째 비결은? 인사말을 많이 알고 적재적소에 사용하는 것! 대표적인 인사말을 알아두는 건 필수!

안녕하세요? **おはよう ございます。** [오하요-고자이마스]

감사합니다. **ありがとう ございます。** [아리가또-고자이마스]

천만에 말씀입니다. **どういたしまして。** [도-이따시마시떼]

실례합니다. **しつれいします。** [시쯔레-시마스]

미안합니다. **すみません。** [스미마셍]

잘 부탁합니다. **どうぞ よろしく。** [도-죠 요로시꾸]

(헤어질 때) 안녕히 가세요/안녕히 계세요. **さようなら。** [사요-나라]

27

○ 처음 뵙겠습니다. 잘 부탁드립니다.
初(はじ)めまして。どうぞ よろしく お願(ねが)いします。

>> 처음 뵙겠습니다.
初めまして。
하지메마시떼

>> 처음 뵙겠습니다. 잘 부탁드립니다.
初めまして。どうぞ よろしく お願いします。
하지메마시떼. 도-조 요로시꾸 오네가이시마스

>> 뵙게 되어 영광입니다.
お目にかかれて 光栄です。
오메니카까레떼 코-에-데스

>> 저야말로 잘 부탁드립니다.
こちらこそ どうぞ よろしく お願いします。
고찌라꼬소 도-조 요로시꾸 오네가이시마스

>> 성함이 어떻게 되십니까?
お名前は どうなりますか。
오나마에와 도-나리마스까

>> 성함은 알고 있었습니다.
お名前だけは 知っておりました。
오나마에다께와 싯떼 오리마시따

>> 말씀은 전부터 많이 들었습니다.

おうわさは かねがね うかがっておりました。
오우와사와 가네가네 우까갓떼 오리마시따

>> 만나뵙기를 기대하고 있었습니다.

お目にかかるのを 楽しみにしていました。
오메니카까루노오 다노시미니 시떼 이마시따

>> 잠깐 제 소개 좀 하겠어요.

ちょっと 自己紹介させてください。
촛또 지꼬쇼-까이 사세떼 구다사이

>> 제 친구를 소개할까요?

私の友達を紹介しましょうか。
와따시노 도모다찌오 쇼-카이시마쇼-까

>> 두 분 서로 인사 나눴던가요?

お互いに ご挨拶され ましたか。
오타가이니 고아이사쯔사레마시다까

>> 다나카 씨를 소개하겠습니다.

田中さんを 紹介しましょう。
다나까상오 쇼-까이시마쇼-

>> 미스터 김, 이분은 다나카 씨입니다.

金さん、こちらは 田中さんです。
키무상 고찌라와 다나까산데스

➡ 가족은 몇 분이나 되세요?
ご家族(かぞく)は何人(なんにん)ですか。

>> 가족은 몇 분이나 되세요?
ご家族は 何人ですか。
고카조꾸와 난닌데스까

>> 우리 가족은 네 명입니다.
うちの 家族は 4人です。
우찌노 카조꾸와 요닌데스

>> 부모님과 여동생이 있어요.
両親と 妹が います。
료−신또 이모−또가 이마스

>> 형제자매는 있으신가요?
兄弟姉妹は いますか。
쿄−다이 시마이와 이마스까

>> 형제는 몇 분이나 되세요?
ご兄弟は 何人ですか。
고쿄−다이와 난닝데스까

>> 부모님과 함께 살고 있나요?
ご両親と いっしょに 住んでいるんですか。
고료−신또 잇쇼니 슨데이룬데스까

>> 우리집은 대가족입니다.

うちは 大家族です。
(だいかぞく)

우찌와 다이카조꾸데스

>> 할아버지와 할머니는 건강하신가요?

おじいさんと おばあさんは ご健在ですか。
(けんざい)

오지-상또 오바-상와 고켄자이데스까

>> 결혼은 하셨어요?

結婚 していますか。
(けっこん)

겟꽁시떼 이마스까

>> 자녀가 몇 명인가요?

子女は 何人ですか。
(しじょ) (なんにん)

시죠와 난닝데스까

생생 Key-word

• 기본적인 가족관계는 외워두면 좋겠죠?

아버지/아빠 お父(とう)さん [오또-상] 父(ちち) [치찌]

어머니/엄마 お母(かあ)さん [오까-상] 母(はは) [하하]

형, 오빠 お兄(にい)さん [오니-상] 兄(あに) [아니]

누나, 언니 お姉(ねえ)さん [오네상] 姉(あね) [아네]

여동생 妹(いもうと) [이모-또]   남동생 弟(おとうと) [오또-또]

할아버지 お祖父(じい)さん [오지-상]   할머니 お祖母(ばあ)さん [오바-상]

삼촌, 큰아버지 叔父(おじ)さん [오지상]   고모, 이모 叔母(おば)さん [오바상]

남편 主人(しゅじん) [슈징]   아내, 처 妻(つま) [쯔매]

31

○ 어느 회사에 근무하세요?

どの 会社(かいしゃ)に 勤(つと)めていますか。

>> 어느 학교에 다니세요?
学校は どちらですか。
각꼬-와 도찌라데스까

>> 어느 대학을 나왔어요?
どちらの 大学を 出ましたか。
도찌라노 다이가꾸오 데마시다까

>> 도쿄대학을 나왔습니다.
東京大学の 出身です。
도꾜-다이가꾸노 슛신데스

>> 전공은 무엇인가요?
専攻は 何ですか。
셍꼬-와 난데스까

>> 어느 회사에 근무하세요?
どの 会社に 勤めていますか。
도노 카이샤니 쯔또메떼 이마스까

>> 회사는 어디에 있나요?
会社は どこに あるんですか。
카이샤와 도꼬니 아룬데스까

>> 저는 이 회사에서 영업을 하고 있습니다.

私は この会社で 営業を やっています。

와따시와 고노 카이샤데 에-교-오 얏떼이마스

>> 일은 어때요?

仕事は どうですか。

시고또와 도-데스까

>> 숨쉴 틈도 없이 바빠요.

息を つく 暇も ないんです。

이끼오 쓰꾸 히마모 나인데스

>> 이 일은 그다지 힘들지 않아요.

この仕事は そんなに 大変じゃないですよ。

고노 시고또와 손나니 다이헨쟈 나이데스요

생생 Key-word

• 자신이 속한 집단이나 그 구성원을 가리킬 때는 「うちの~」라고 표현하죠.
우리 가족 うちの家族(かぞく) [우찌노 카조꾸]   우리 회사 うちの会社(かいしゃ) [우찌노 카이샤]

• 그럼, 이제부터 직업명을 알아볼까요?

회사원 会社員(かいしゃいん) [카이샤잉]		은행원 銀行員(ぎんこういん) [깅코-잉]	
공무원 公務員(こうむいん) [코-무잉]		엔지니어 エンジニア [엔지니아]	
선생님 先生(せんせい) [센세이]		변호사 弁護士(べんごし) [벵고시]	
의사 医者(いしゃ) [이샤]		간호사 看護婦(かんごふ) [캉고후]	
화가 画家(がか) [가카]		디자이너 デザイナー [데자이나-]	
배우 はいゆう [하이유-]		운동선수 スポーツ選手(せんしゅ) [스뽀-쯔센슈]	

07 / 아쉽게 작별할 때 /

○ 안녕히 계세요. 나중에 또 만나요.
さようなら。いずれまた。

>> 이제 가야겠어요.
もう おいとまいたします。
모- 오이또마 이따시마스

>> 늦었어요. 가야겠어요.
遅くなってきたよ。行かなくちゃならないので。
오소꾸낫떼 기따요. 이까나 꾸쨔 나라나이노데

>> 이제 실례해야겠어요.
そろそろ 失礼しなくては。
소로소로 시쯔레- 시나꾸떼와

>> 좀더 계시다가세요.
もう ちょっと いいじゃないですか。
모-촛또 이-쟈 나이데스까

>> 만나서 반가웠어요.
お会いできて うれしかったです。
오아이데끼떼 우레시깟따데스

>> 즐거웠어요.
楽しかったです。
다노시깟따데스

>> 저녁 잘 먹었어요.

夕食を ごちそうさまでした。
<ruby>夕食<rt>ゆうしょく</rt></ruby>

유-쇼꾸오 고찌소-사마데시따

>> 안녕히 가세요.

さようなら。

사요-나라

>> 그럼 조심해서 가세요.

では、気を つけて。

데와 기오 쯔께떼

>> 안녕히 가세요. 또 오세요.

ごきげんよう。また 来てくださいね。

고끼겡요-. 마따 기떼 구다사이네

>> 그럼, 또 내일 봐요.

では、また あした。

데와 마따 아시따

>> 안녕히 계세요. 나중에 또 만나요.

さようなら。いずれまた。

사요-나라. 이즈레마따

>> 초대해줘서 고마워요. 정말 즐거웠어요.

ご招待 ありがとう。すっかり 楽しんでしまいました。

고쇼-따이 아리가또-. 슥까리 다노신데 시마이마시따

○ 근간 다시 뵙고 싶어요.

近(ちか)いうちにまた お会(あ)いしたいです。

>> 다시 언제 만나요.

また いつか 会(あ)いましょうね。

마따 이쯔까 아이마쇼우네

>> 널 만날 수 없다니 외롭겠는걸.

君(きみ)に 会(あ)えなく なると さびしく なるよ。

기미니 아에나꾸나루또 사비시꾸나루요

>> 서로 연락을 취합시다.

連絡(れんらく)を 取(と)り合(あ)いましょうね。

렌라꾸오 도리아이마쇼우네

>> 그 사이에 전화주세요.

そのうち 電話(でんわ)してくださいね。

소노우찌 뎅와시떼 구다사이네

>> 편지해주세요.

手紙(てがみ)を ください。

데가미오 구다사이

>> 돌아와야 해요.

帰(かえ)ってこなくちゃ だめですよ。

가엣떼 고나꾸쨔 다메데스요

>> 근간 다시 뵙고 싶어요.

近いうちにまた お会いしたいです。

치까이 우찌니 마따 오아이시따이데스

>> 언제 가까운 시일에 또 만납시다.

いずれまた 近いうちに 会いましょう。

이즈레 마따 치까이 우찌니 아이마쇼-

>> 앞으로도 서로 연락합시다.

これからも 連絡を 取り合いましょうね。

고레까라모 렌라꾸오 도리아이마쇼-네

>> 어떻게 하면 연락이 되나요?

どうしたら 連絡が つきますか。

도-시따라 렌라꾸가 쯔끼마스까

>> 이건 제 명함입니다.

これは 私の 名刺です。

고레와 와따시노 메이시데스

>> 명함 한 장 주시겠어요?

名刺を 一枚 いただけないでしょうか。

메이시오 이치마이 이따다케나이데쇼-까

>> 제 명함입니다. 당신 명함도 받을 수 있을까요?

名刺を どうぞ。あなたのも いただけますか。

메이시오 도-조. 아나따노모 이따다께마스까

Chapter 2
Feeling Expression Japanese

사람의 감정이나 기분을 나타내는 표현은 정말 다양하죠.
자신의 감정을 잘 표현한다는 것은 정말 어려운 일입니다.
이 장에서는 감사의 마음을 표현하고 축하나 위로를 전하는 말,
놀라거나 당황했을 때, 화가 날 때의 표현 등 우리의 생생한 느낌과
마음을 그대로 표현할 수 있는 다양한 감정 표현들을 담았습니다.

2_ 생생한 느낌과 마음을 그대로! 감정표현 일본어

천리 길도 한 걸음부터이다.

千里(せんり)の 道(みち)も 一歩(いっぽ)から。

[센리노 미찌모 잇뽀카라]

⭕ 감사합니다.
ありがとう ございます。

〉〉 고마워요.

ありがとう。

아리가또-

〉〉 감사합니다.

ありがとう ございます。

아리가또- 고자이마스

〉〉 정말로 감사드립니다.

本当に ありがとう ございます。

혼또-니 아리가또- 고자이마스

〉〉 친절히 대해줘서 고마워요.

ご親切に どうも。

고신세쯔니 도-모

〉〉 여러모로 신세 많이 졌어요.

いろいろ お世話になりました。

이로이로 오세와니 나리마시따

〉〉 수고를 끼쳐드렸습니다.

ご面倒を おかけしました。

고멘도-오 오까께시마시따

>> 호의에 감사드려요.

ご好意 ありがとう。

고코-이 아리가또-

>> 뭐라고 감사의 말씀을 드려야 좋을지 모르겠어요.

何と 御礼を 申したら いいのか わかりません。

난또 오레-오 모-시따라 이-노까 와끼리마셍

>> 아무리 감사드려도 부족할 정도입니다.

いくら 感謝しても しきれない ほどです。

이꾸라 간샤시떼모 시끼레나이 호도데스

>> 마중 나와주셔서 정말로 감사드립니다.

お出迎えいただいて 本当に ありがとうございます。

오데무까에 이따다이떼 혼또-니 아리가또- 고자이마스

>> 천만에 말씀입니다.

どういたしまして。

도-이따시마시떼

>> 저야말로 고맙습니다.

こちらこそ どうも ありがとう。

고찌라꼬소 도-모 아리가또-

>> 천만에요. 감사할 것까지는 없어요.

どういたしまして。礼には およびません。

도-이따시마시떼. 레-니와 오요비마셍

❤ 생신을 축하드립니다.

お誕生日(たんじょうび) おめでとうございます。

》》 축하해요.

おめでとう。

오메데또-

》》 축하합니다.

おめでとう ございます。

오메데또- 고자이마스

》》 생일 축하해.

誕生日 おめでとう。

탄죠-비 오메데또-

》》 생신을 축하드립니다.

お誕生日 おめでとう ございます。

오탄죠-비 오메데또- 고자이마스

》》 졸업 축하해.

ご卒業 おめでとう。

고소쯔교- 오메데또-

》》 결혼을 축하합니다.

ご結婚 おめでとう ございます。

고겟꽁 오메데또- 고자이마스

>> 출산을 진심으로 축하합니다.
お誕生を 心から お祝い致します。
오탄죠-오 고꼬로까라 오이와이 이따시마스

>> 결혼기념일을 축하해요.
結婚記念日 おめでとう。
겟꼰 기넴비 오메데또-

>> 어머니날, 축하드려요.
母の日、おめでとう。
하하노히 오메데또-

>> 승진을 축하드립니다.
ご昇進 おめでとう ございます。
고쇼-싱 오메데또- 고자이마스

>> 합격을 축하해요.
合格 おめでとう。
고-까꾸 오메데또-

>> 승리를 축하드립니다.
優勝 おめでとう ございます。
유-쇼- 오메데또- 고자이마스

>> 정말 대단하세요.
本当に 素晴らしいですね。
혼토-니 스바라시이데스네

➡️ 그에게 박수를 보냅시다.

彼(かれ)に 拍手(はくしゅ)を 送(おく)りましょう。

〉〉 잘 했어.

よく やった。
요꾸 얏따

〉〉 훌륭합니다.

お見事(みごと)です。
오미고또데스

〉〉 와, 이거 대단하군!

へえ、これは すごい。
헤– 고레와 스고이

〉〉 우와, 멋지다!

うわあ、素晴(すば)らしい。
우와– 스바라시–

〉〉 아름다워요.

美(うつく)しいなあ。
우쯔꾸시–나–

〉〉 잘 어울리세요.

とても 似合(にあ)いますよ。
도떼모 니아이마스요

>> 멋지군요. 정말 부러워요.

素晴らしいですね。本当にうらやましい。

스바라시-데스네. 혼토-니 우라야마시이

>> 당신은 정말 머리가 좋군요.

あなたは とても 頭がいいですね。

아나따와 토테모 아타마가 이-데스네

>> 그에게 박수를 보냅시다.

彼に 拍手を 送りましょう。

가레니 하꾸슈오 오꾸리마쇼-

>> 나는 당신이 자랑스럽습니다.

私は あなたが 誇らしいです。

와따시와 아나따가 호코라시이데스

>> 칭찬해 주셔서 고마워요.

誉めていただいて、どうも。

호메떼 이따다이떼, 도-모

>> 칭찬해 주셔서 감사합니다.

お誉めいただいて、ありがとう ございます。

오호메 이따다이떼, 아리가또- 고자이마스

>> 몸둘바를 모르겠어요.

なんと ご親切に。

난또 고신세쯔니

⚫ 진심으로 환영합니다.
心(こころ)より 歓迎(かんげい)いたします。

>> 부디 행복하세요.
どうぞ お幸せに。
도-조 오시아와세니

>> 행복을 빌게요.
幸せを 祈ります。
시아와세오 이노리마스

>> 행복하시기를 바랍니다.
お幸せを 願います。
오시아와세오 네가이마스

>> 행운을 빌겠습니다.
幸運を 祈ります。
코-웅오 이노리마스

>> 새해 복 많이 받아요.
新年 おめでとう。
신넹 오메데또-

>> 새해 복 많이 받으십시오.
あけまして おめでとう ございます。
아께마시떼 오메데또- 고자이마스

>> 메리 크리스마스!

メリークリスマス。

메리- 쿠리스마스

>> 발렌타인데이, 축하해요.

バレンタインデー、おめでとう。

바렌따인데- 오메데또-

>> 한국에 잘 오셨습니다.

ようこそ 韓国へ。

요-꼬소 캉꼬꾸에

>> 입사를 환영합니다.

入社を 歓迎します。

뉴-샤오 강게-시마스

>> 우리 회사 방문을 환영합니다.

当社の ご訪問を 歓迎致します。

토-샤노 고호-몽오 강게- 이따시마스

>> 저희 집에 잘 오셨습니다.

ようこそ、我が家へ。

요-꼬소 와가야에

>> 잘 오셨어요. 진심으로 환영합니다.

ようこそ。心より 歓迎いたします。

요-꼬소. 고꼬로요리 강게- 이따시마스

/ 맞장구 칠 때 /

❶ 맞습니다.
そのとおりです。

〉〉 과연.

なるほど。
나루호도

〉〉 그래 맞아!

そのとおり。
소노 도-리

〉〉 맞습니다.

そのとおりです。
소노 도-리데스

〉〉 바로 그거에요.

その通りです。
소노 토오리데스

〉〉 그랬습니까?

そうでしたか。
소-데시다까

〉〉 어머, 그래?

あら、そう。
아라, 소-

>> 그렇습니까?

そうなんですか。
소-난데스까

>> 앗, 정말이세요?

あっ、本当_{ほんとう}ですか。
앗 혼또-데스까

>> 그래서?

それで。
소레데

>> 그렇군요.

そうなんですよね。
소-난데스요네

>> 그거 좋군요.

それはいいですね。
소레와 이-데스네

>> 그거 안 됐군요.

それは まずいですね。
소레와 마즈이데스네

>> 그러세요, 그거 안 됐군요.

そうですか、それは いけませんね。
소-데스까, 소레와 이께마센네

○ 이만큼 기쁜 일은 없어요.
これほど うれしいことは ありません。

〉〉 기분이 좋아.
いい 気分^{きぶん}だ。
이- 기분다

〉〉 행복해요.
幸^{しあわ}せ。
시아와세

〉〉 기분이 최고야.
最高^{さいこう}の 気分^{きぶん}。
시이꼬-노 기분

〉〉 좋아 죽겠어요.
うれしくて たまらない。
우레시꾸떼 다마라나이

〉〉 오늘은 기분이 최고야.
今日^{きょう}は 気分^{きぶん}が いいなあ。
쿄-와 기붕가 이-나-

〉〉 재수가 좋군!
ついてる。
쯔이떼루

>> 복 터졌어.

大当たりだ。

오-아따리다

>> 그저 운이 좋았던 거야.

ただ 運が よかったのさ。

다다 웅가 요깟따노사

>> 우와, 기뻐! 정말 고마워.

うわあ、うれしい。本当に ありがとう。

우와- 우레시-. 혼또-니 아리가또-

>> 이만큼 기쁜 일은 없어요.

これほど うれしいことは ありません。

고레호도 우레시- 고또와 아리마셍

>> 내 생애 최고의 날입니다.

私の生涯で 最高の日です。

와따시노 쇼-가이데 사이코-노 히데스

>> 기쁘기 짝이 없습니다.

これに まさる 喜びは ありません。

고레니 마사루 요로꼬비와 아리마셍

>> 하늘을 나는 기분입니다.

空を飛ぶような 気持ちです。

소라오 토부요우나 키모치데스

○ 나는 너무 슬픕니다.
私(わたし)は とても 悲(かな)しいです。

>> 마음이 우울해.
気(き)が めいる。
기가 메이루

>> 오늘은 우울해요.
今日(きょう)は ゆううつだ。
쿄-와 유-우쯔다

>> 왜 우울해요?
どうして ゆううつなの。
도-시떼 유-우쯔나노

>> 나는 너무 슬픕니다.
私(わたし)は とても 悲(かな)しいです。
와따시와 토테모 카나시이데스

>> 아무 것도 할 마음이 생기지 않아요.
何(なに)も やる 気(き)が おきない。
나니모 야루 기가 오끼나이

>> 가슴 찢어지는 아픔이었어요.
胸(むね)が 張(は)り裂(さ)ける 思(おも)いでした。
무네가 하리사께루 오모이데시따

>> 나는 계속 슬픔에 잠겼어요.

私は ずっと 悲しんでいるんです。

와따시와 즛또 가나신데 이룬데스

>> 얼마나 무정한가!

なんと 無情な。

난또 무죠-나

>> 방법이 없어요.

仕方が ないよ。

시까따가 나이요

>> 절망적이에요.

絶望的だ。

제쯔보-테끼다

>> 이제 끝난 일이에요.

もう 終わった ことだ。

모- 오왓따 고또다

>> 시간 낭비에요. 포기했어요.

時間の むだだよ。あきらめたよ。

지깐노 무다다요. 아끼라메따요

>> 달리 어쩔 도리가 없어요.

ほかに どうしようもないんだ。

호까니 도- 시요-모나인다

● 용기를 가지세요.

勇気出(ゆうきだ)してください。

》》 운이 없었군요.

ついてませんでしたね。
쓰이떼 마센데시다네

》》 잊어버리세요.

忘れてください。
와스레떼 구다사이

》》 다시 기회가 있어요.

また 機会が ある。
마따 기까이가 아루

》》 그런 일도 종종 있습니다.

そういう ことも よく あります。
소-유- 고또모 요꾸 아리마스

》》 걱정하지 말아요.

くよくよするなよ。
구요꾸요 스루나요

》》 자, 힘을 내세요.

さあ、元気を 出して。
사- 겡끼오 다시떼

54

>> 용기를 가지세요.
勇気出してください。
유-키다시떼 구다사이

>> 유감이군요. 하지만 힘을 내세요.
残念だったね。でも 元気を 出して。
잔넨닷따네. 데모 겡끼오 다시떼

>> 누구에게나 있는 일입니다. 자책하지 마세요.
誰にもある ことさ。自分を 責めないで。
다레니모아루 고또사. 지붕오 세메나이데

>> 삼가 조의를 표합니다.
弔意を 表します。
쵸-이오 아라와시마스

>> 진심으로 애도를 드립니다.
心から お悔やみ 申しあげます。
코코로까라 오쿠야미 모-시 아게마스

>> 정말로 안 됐습니다.
本当に お気の毒です。
혼또-니 오끼노 도꾸데스

>> 정말 슬픈 일이군요.
なんて 悲しいんでしょう。
난떼 카나시인데쇼-

○ 그거 놀랍군요.
それは 驚(おどろ)きましたね。

>> 아, 깜짝 놀랐어.

ああ、びっくりした。
아— 빅꾸리시따

>> 저런, 세상에나!

まあ、たいへん。
마아 타이헨

>> 그거 놀랍군요.

それは 驚きましたね。
소레와 오도로끼마시다네

>> 이거 참 놀랐어요.

これは これは 驚きましたね。
고레와 고레와 오도로끼마시다네

>> 그렇게 될 리 없어요!

そうなる はずが ないよ。
소— 나루 하즈가 나이요

>> 어머, 어떻게 아세요?

おや、どうして 分かるの。
오야 도—시떼 와까루노

>> 어이없군. 말도 안돼!

あきれたね。 うそ。

아끼레따네. 우소

>> 저건 도대체 뭐야?

あれは いったい 何だ。

아레와 잇따이 난다

>> 어, 정말 바보같군!

おや、 なんて ばかな。

오야 난떼 바까나

>> 어머, 너야?

まあ、 あなたなの。

마— 아나따나노

>> 설마, 농담이겠죠.

まさか、 ご冗談でしょう。

마사까 고죠—단데쇼—

>> 놀라게 하지 말아요.

びっくりさせないでよ。

빅꾸리사세 나이데요

>> 깜짝 놀랐잖아. 도대체 이게 무슨 일이야!

びっくりするじゃないか。 いったい 何ごとなの。

빅꾸리스루쟈나이까. 잇따이 나니고토나노

➡ 왜 그렇게 화가 났어요?

何(なん)でそんなにおこったんですか。

❯❯ 이제 참을 수 없어요.

もう 我慢できないんだ。

모- 가만데끼나인다

❯❯ 일이 마음에 내키지 않아요.

仕事に 気が のらないよ。

시고또니 기가 노라나이요

❯❯ 어지간히 해요.

いいかげんに してくれよ。

이- 카겐니 시떼 구레요

❯❯ 넌 내 신경에 거슬려.

君は ぼくの 神経に さわるよ。

기미와 보꾸노 싱께-니 사와루요

❯❯ 당신 나한테 화났습니까?

あなた、私に腹が立ったんですか。

아나따 와따시니 하라가 탓딴데스까

❯❯ 왜 그렇게 화가 났어요?

何でそんなに おこったんですか。

난데 손나니 오콧딴데스까

>> 내게 명령하지마.
私に 命令しないで。
わたし　　めいれい
와따시니 메-레- 시나이데

>> 참는 것도 한계가 있어요.
我慢するのも 限界が あります。
がまん　　　　　げんかい
가만스루노모 겡카이가 아리마스

>> 나를 모욕하지마.
私を 侮辱するなよ。
わたし　ぶじょく
와따시오 부죠꾸스루나요

>> 큰소리 지르지 마세요!
大声を 出すな。
おおごえ　　だ
오-고에오 다스나

>> 진정하세요!
落ち着いて。
お　つ
오찌쯔이떼

>> 이제 더 이상 참을 수 없어요.
もう これ以上 耐えられないよ。
いじょう　た
모- 고레이죠- 다에라레나이요

>> 네가 한 말은 납득이 안돼.
君の 言うことは 腑に落ちない。
きみ　い　　　　　ふ　お
기미노 이우 고또와 후니 오찌나이

➡ 늦어서 미안합니다.

遅(おそ)くなって すみません。

≫ 미안해요.

ごめんなさい。

고멘나사이

≫ 미안합니다.

すみません。

스미마셍

≫ 늦어서 미안합니다.

遅くなって すみません。

오소꾸낫떼 스미마셍

≫ 기다리게 해서 죄송했습니다.

お待たせして すみませんでした。

오마따세시떼 스미사센데시따

≫ 약속을 못 지켜서 미안합니다.

約束を 守らないで すみません。

약소꾸오 마모라나이데 스미마셍

≫ 폐를 끼쳐드려서 죄송합니다.

ご迷惑を おかけして 申し訳ありません。

고메-와꾸오 오까께시떼 모-시와께 아미라셍

>> 앞으로는 주의하겠습니다.
今後は 気をつけます。
공고와 기오쯔께마스

>> 제가 잘못했습니다.
私が いけませんでした。
와따시가 이께마센데시따

>> 저야말로 잘못했습니다.
私こそ 悪かったんです。
와따시꼬소 와루깟뗀데스

>> 제발 용서해 주십시오.
どうか 許してください。
도-까 유루시떼 구다사이

>> 용서해 주시겠습니까?
許して いただけますか。
유루시떼 이따다께마스까

>> 너무 죄송해요. 그럴 생각이 아니었어요.
どうも すみません。そんな つもりじゃ なかったんです。
도-모 스미마셍. 손나 쯔모리쟈 나깟딴데스

>> 뭐라고 사죄를 드려야 할지 모르겠습니다.
何と お詫びして よいか わかりません。
난또 오와비시떼 요이까 와까리마셍

20 / 후회와 반성할 때 /

● 좀더 노력했더라면 좋았을 텐데.
もっと がんばったら よかったのに。

>> 너무 긴장했어요.
緊張しすぎていたんだ。
긴쵸-시스기떼 이딴다

>> 소용없게 됐어요.
無駄になったよ。
무다니 낫따요

>> 후회스럽습니다.
後悔しています。
코-카이시떼 이마스

>> 내가 한 일을 후회하고 있어요.
自分のした ことを 後悔している。
지분노 시따 고또오 코-까이시떼이루

>> 좀더 공부해 두었으면 좋았을 텐데.
もっと 勉強しておけば よかった。
못또 벵꾜-시떼 오께바 요깟따

>> 좀더 노력했더라면 좋았을 텐데.
もっと がんばったら よかったのに。
못또 감밧따라 요깟따노니

>> 그에게 물어보았으면 좋았을 텐데.

彼に 聞いておけば よかった。

가레니 기이떼 오께바 요깟따

>> 저런 말을 하지 않았으면 좋았을 텐데.

あんな こと 言わなければ よかった。

안나 고또 이와나께레바 요깟따

>> 이 얼마나 돈과 시간 낭비하는 거야.

なんて お金と 時間の むだなんだ。

난떼 오까네또 지깐노 무다난다

>> 바보 같은 짓을 하고 말았어.

ばかな ことを してしまった。

바까나 고또오 시떼시맛따

>> 그런 짓을 하다니 나도 경솔했어.

そんな ことを するなんて 私も 軽率だった。

손나 고또오 스루난떼 와따시모 게-소쯔닷따

>> 후회하지 말아요.

後悔しないでください。

코-까이 시나이데 구다사이

>> 좋은 액땜이에요.

いい 厄介払いだ。

이- 약까이바라이다

⭗ 유감이군요.
残念(ざんねん)ですね。

〉〉 감동했어요.
感動しました。
かんどう
간도-시마시다

〉〉 재미있군요!
面白いですね。
おもしろ
오모시로이데스네

〉〉 부끄러워.
恥ずかしい。
は
하즈까시-

〉〉 창피하게 그러지마!
恥を かかせるな。
はじ
하지오 가까세루나

〉〉 딱해라.
お気の毒に。
き どく
오끼노 도꾸니

〉〉 유감이군요.
残念ですね。
ざんねん
잔넨데스네

>> 실망이군요.

がっかりだ。

각까리다

>> 흥미없어요.

興味 ないよ。

쿄-미가 나이요

>> 지루해.

退屈だ。

다이꾸즈다

>> 시시해요. 형편없어요.

つまらないなあ。くだらないよ。

쯔마라나이나ー. 구다라나이요

>> 아, 지긋지긋해!

ああ、うんざりだよ。

아ー 운자리다요

>> 충격이야!

ショック。

쇽꾸

>> 무섭군요.

恐ろしいね。

오소로시ー네

Chapter 3
Everyday Life Japanese

우리는 오늘 날씨가 어떤지 궁금해 하고, 약속을 정하고 전화를 하고,
맛있는 음식을 먹고 쇼핑을 즐기는 작은 일상에서 행복을 느끼며 삽니다.
이 장에서는 날짜와 시간, 날씨를 알아볼 때, 약속을 정할 때, 성격이나
외모를 말할 때, 전화할 때, 길을 묻고 교통편을 이용할 때, 레스토랑을
이용할 때, 쇼핑을 즐길 때 등 우리가 일상생활에서 가장 많이 쓰는
기본 표현들을 담았습니다.

3_ 가장 많이 쓰는 기본표현! 알짜 생활 일본어

세월은 사람을 기다려주지 않는다.

歲月人(さいげつひと)を 待(ま)たず。

[사이게쯔 히또오 마타즈]

➡️ 저는 다나카라고 합니다.

私(あたし)は 田中(たなか)と いいます。

>> 이름이 뭐예요?

お名前は 何ですか。

오나마에와 난데스까

>> 당신 이름은 무엇입니까?

あなたの お名前は 何ですか。

아나따노 오나마에와 난데스까

>> 성함을 여쭤봐도 되겠습니까?

お名前を うかがっても よろしいですか。

오나마에오 우카갓떼모 요로시이데스까

>> 성함 좀 알려주시겠어요?

お名前を 教えて いただけないでしょうか。

오나마에오 오시에떼 이따다케나이데쇼―까

>> 성함을 어떻게 읽으면 될까요?

お名前は 何と 読みますか。

오나마에와 난또 요미마스까

>> 저는 다나카라고 합니다.

私は 田中と いいます。

와따시와 다나까또 이―마스

>> 별명이 있으신가요?

ニックネームは ありますか。

니쿠네-무와 아리마스까

>> 저, 여보세요.

あのう、すみません。

아노- 스미마셍

>> 저, 실례합니다, 부인.

あのう、失礼ですが おくさん。

아노- 시쯔레이데스가 옥상

>> 아가씨, 잠깐 실례해요.

おじょうさん、ちょっと すみません。

오죠-상, 촛또 스미마셍

>> 신사숙녀 여러분!

紳士淑女の みなさま。

신시슈큐죠노 미나사마

23 / 요일이나 날짜 확인할 때 /

● 오늘은 무슨 요일인가요?
今日(きょう)は 何曜日(なんようび)ですか。

>> 오늘은 며칠인가요?
今日は 何日ですか。
쿄-와 난니찌데스까

>> 오늘은 9일입니다.
今日は 9日です。
쿄-와 고꼬노까데스

>> 오늘은 몇 월 며칠인가요?
今日は 何月 何日ですか。
쿄-와 낭가쯔 난니찌데스까

>> 오늘은 12월 2일입니다.
今日は 12月2日です。
쿄-와 쥬-니가쯔 후쯔까데스

>> 오늘은 무슨 요일인가요?
今日は 何曜日ですか。
쿄-와 낭요-비데스까

>> 오늘은 월요일입니다.
今日は 月曜日です。
쿄-와 게쯔요-비데스

>> 몇 월입니까?

何月ですか。

난가쯔데스까

>> 이번 토요일이 며칠인가요?

今度の 土曜日は 何日ですか。

콘도노 도요-비와 난니치데스까

>> 오늘이 무슨 특별한 날인가요?

今日は 何か特別な 日ですか。

쿄-와 낭까 토쿠베쯔나 히데스까

>> 당신 생일은 언제인가요?

あなたの お誕生日は いつですか。

아나따노 오탄죠-비와 이쯔데스까

>> 제 생일은 10월 19일입니다.

私の 誕生日は 10月19日です。

와따시노 탄죠-비와 쥬-가쯔 쥬-구니치데스

>> 시험은 언제부터인가요?

試験は いつからですか。

시껭와 이쯔까라데스까

>> 마감은 9월말입니다.

締め切りは 9月末です。

시메끼리와 구가쯔마쯔데스

❏ 지금 몇 시인가요?

今(いま)、何時(なんじ)ですか。

≫ 지금 몇 시인가요?

今、何時ですか。

이마 난지데스까

≫ 9시 5분입니다.

9時 5分です。

구지 고훈데스

≫ 9시 15분이 지났어요.

9時 15分過ぎです。

구지 쥬-고훈 스기데스

≫ 제 시계는 11시입니다.

私の 時計では 11時です。

와따시노 도께-데와 쥬-이찌지데스

≫ 정각 정오입니다.

ちょうど 正午です。

쵸-도 쇼-고데스

≫ 지금은 3시 반이에요.

今は 3時半です。

이마와 산지항데스

>> 지금은 5시 15분전이에요.

今は 5時 15分前です。

아마와 고지 쥬-고훈 마에데스

>> 몇 시에 약속이 있나요?

何時に 約束が ありますか。

난지니 약소꾸가 아리마스까

>> 시간이 없어요. 5시 5분전이에요.

時間が ありませんよ。5時5分前です。

지깡가 아리마셍요. 고지 고훈마에데스

>> 이 시계는 정확한가요?

この時計はあってますか。

고노 토케-와 앗떼마스까

>> 제 시계는 정확해요.

私の 時計は 正確です。

와따시노 도께-와 세-까꾸데스

>> 5시가 다 됐어요.

5時 近くです。

고지 치까꾸데스

>> 5시가 좀 지났어요.

5時を ちょっと まわりました。

고지오 촛또 마와리마시따

○ 오늘 날씨는 어때요?
今日(きょう)の 天気(てんき)は どうなんですか。

>> 오늘 날씨는 어때요?
今日の 天気は どうなんですか。
쿄-노 뎅끼와 도-난데스까

>> 오늘은 따스하군요.
今日は ぽかぽか 暖かいですね。
쿄-와 포까포까 아따따까이데스네

>> 오늘은 상당히 덥군요.
今日は なかなか 暑いですね。
쿄-와 나까나까 아쯔이데스네

>> 별로 날씨가 좋지 않아요.
あまり 天気が 良くないですね。
아마리 텡끼가 요꾸나이데스네

>> (비가) 억수같이 쏟아지는군요.
どしゃ降りに なりますね。
도샤부리니 나리마스네

>> 이 무더위는 견딜 수 없어요.
この 暑さには 耐えられません。
고노 아쯔사니와 다에라레마셍

>> 장마가 들었어요.

梅雨に　入っています。

쯔유니 하잇떼 이마스

>> 또 비가 올 것 같아요.

また　雨になりそうですね。

마따 아메니 나리소-데스네

>> 바람이 심하게 불고 있어요.

風が　ひどく　吹いていますね。

가제가 히도꾸 후이떼 이마스네

>> 이 좋은 날씨가 언제까지 계속될까요?

この　いい天気は　いつまで　続くかな。

고노 이- 텡끼와 이쯔마데 쯔즈꾸가나

생생 Key-word

• 날씨에 관한 표현을 알아보죠.

날씨가 좋군요. いい 天気(てんき)ですね。 [이- 텡끼데스네]

무덥군요. 蒸(む)し暑(あつ)いですね。 [무시아쯔이데스네]

시원해졌군요. 涼(すず)しくなってきましたね。 [스즈시꾸낫떼 기마시다네]

(비가) 심하게 내리는군요. ひどい 降(ふ)りですねえ。 [히도이 후리데스네-]

날씨가 개었어요. 晴(は)れてきましたよ。 [하레떼 기마시다요]

쌀쌀하군요. 冷(ひ)え冷(ひ)えしますね。 [히에비에시마스네]

추워졌어요. 寒(さむ)くなりましたね。 [사무꾸 나리마시다네]

이거 첫눈이군요. これは 初雪(はつゆき)ですね。 [고레와 하쯔유끼데스네]

❍ 오늘 일기예보 어때요?
今日(きょう)の 天気予報(てんきよほう)は。

〉〉 오늘 일기예보 어때요?
今日の 天気予報は。
쿄-노 텡끼요호-와

〉〉 일기예보에 의하면 내일은 비가 온다고 해요.
天気予報によると 明日は 雨だそうです。
텡끼요호-니 요루또 아스와 아메다 소-데스

〉〉 만약을 위해 우산을 준비해 가는 게 좋겠어요.
念のため 傘は 持って行く ほうが いいですよ。
넨노다메 가사와 못떼이꾸 호-가 이-데스요

〉〉 완전히 봄이네요.
すっかり春ですね。
슥까리 하루데스네

〉〉 이 시기 치고는 제법 따뜻하네요.
この 時期にしては かなり 暖かいですね。
고노 지끼니 시떼와 가나리 아따따까이데스네

〉〉 태풍이 다가오고 있어요.
台風が 近づいています。
타이후-가 치까즈이떼 이마스

>> 장마가 개어서 다행이에요.
梅雨が 明けて よかったですね。
쯔유가 아께떼 요깟따데스네

>> 나뭇잎이 모조리 단풍이 들었어요.
木の葉は すっかり 紅葉しました。
고노하와 슥까리 코-요-시마시따

>> 가을 날씨는 변덕스러워요.
秋の天気は 変わりやすいですよ。
아끼노 텡끼와 가와리야스이데스요

>> 어젯밤에는 서리가 내렸어요.
昨夜は 霜が 降りました。
사꾸야와 시모가 오리마시따

>> 겨울이 되면 추워져요.
冬になると 寒くなります。
후유니 나루또 사무꾸나리마스

>> 밖에는 눈이 내리고 있어요.
外は 雪が 降っていますよ。
소또와 유끼가 훗떼이마스요

>> 당신이 가장 좋아하는 계절은 뭐예요?
あなたの いちばん 好きな 季節は。
아나따노 이찌방 스키나 기세쯔와

27 / 약속을 정할 때 /

○ 어디에서 만날까요?

どこで 会(あ)いましょうか。

>> 드릴 말씀이 있는데 찾아뵈어도 될까요?

お話ししに うかがっても いいですか。

오하나시시니 우까갓떼모 이-데스까

>> 언제 시간이 되시면 뵙고 싶습니다만.

いつか お時間が あれば お目に かかりたいのですが。

이쯔까 오지깡가 아레바 오메니 가까리따이노데스가

>> 지금 방문해도 될까요?

これから お邪魔しても いいでしょうか。

고레까라 오쟈마시떼모 이-데쇼-까

>> 언제 가장 시간이 좋으세요?

いつが いちばん 都合が いいですか。

이쯔가 이찌방 쯔고-가 이-데스까

>> 몇 시까지 시간이 비어 있나요?

何時まで 時間が あいてますか。

난지마데 지깡가 아이떼마스까

>> 조금 있다가 뵐 수 있을까요?

のちほど お目にかかれますでしょうか。

노찌호도 오메니 가까레마스데쇼-까

>> 오늘은 좀 그런데, 내일은 어때요?

今日は まずいけど、明日は どうです。

쿄-와 마즈이께도 아시따와 도-데스

>> 금요일 오후 5시는 어떠세요?

金曜の午後 5時は どうです。

깅요-노 고고 고지와 도-데스

>> 토요일 밤은 시간이 되세요?

土曜の夜は 都合が いいですか。

도요-노 요루와 쯔고-가 이-데스까

>> 어디에서 만날까요?

どこで 会いましょうか。

도꼬데 아이마쇼-까

>> 어디서 만나는 게 가장 좋겠어요?

どこが いちばん 都合が いいですか。

도꼬가 이찌방 쯔고-가 이-데스까

>> 신주쿠 역에서 2시 무렵에 만나기로 해요.

新宿駅で 2時ごろ 待ち合わせましょう。

신쥬꾸 에끼데 니지고로 마찌아와세마쇼-

>> 7시에 사무실 앞에서 만날까요?

7時に 事務所の前で 会いましょうか。

시찌지니 지무쇼노 마에데 아이마쇼-까

▶ 좋아요. 그럼 그때 만나요.
いいですよ。じゃ、その時(とき)に 会(あ)いましょう。

>> 저도 그 때가 좋겠습니다.
私(わたし)も それで 都合(つごう)が いいです。
와따시모 소레데 쯔고-가 이-데스

>> 저는 어디든지 좋아요.
私(わたし)は どちらでも 都合(つごう)が いいですよ。
와따시와 도찌라데모 쯔고-가 이-데스요

>> 좋아요. 그럼 그때 만나요.
いいですよ。じゃ、その時(とき)に 会(あ)いましょう。
이-데스요. 쟈, 소노 도끼니 아이마쇼-

>> 그럼, 그 시간에 기다릴게요.
では、その時間(じかん)に お待(ま)ちします。
데와 소노 지깐니 오마찌시마스

>> 미안해요. 아쉽게도 약속이 있어요.
すみません。あいにくと 約束(やくそく)が あります。
스미마셍. 아이니꾸또 약소꾸가 아리마스

>> 미안하지만, 오늘은 하루 종일 바빠요.
すみませんが、今日(きょう)は 一日中(いちにちじゅう) 忙(いそが)しいのです。
스미마셍가, 쿄-와 이찌니찌쥬- 이소가시-노데스

>> 오늘 오후는 안 되겠어요.
今日の午後は だめなんです。
쿄-노 고고와 다메난데스

>> 이번 주에는 시간이 없어요.
今週は 時間が ないんです。
곤슈-와 지깡가 나인데스

>> 유감스럽지만, 급한 일이 생겨서 갈 수 없습니다.
残念ながら、急用が できてしまって 行けません。
잔넨나가라, 큐-요-가 데끼떼 시맛떼 이께마셍

>> 정말로 미안합니다만, 약속을 지킬 수 없습니다.
本当に すみませんが、お約束が 果たせません。
혼또-니 스미마셍가, 오약소꾸가 하따세마셍

>> 폐가 되지 않다면 괜찮겠습니까?
ご迷惑に ならなければ よろしいのですが。
고메-와꾸니 나라나께레바 요로시-노데스가

>> 미안합니다. 다른 날로 해주실 수 없을까요?
すみません。別の日に していただけないでしょうか。
스미마셍. 베쯔노 히니 시떼 이따다께나이데쇼-까

>> 괜찮아요. 언제든지 좋은 시간에 만나요.
いいんですよ。いつでも お好きな 時に どうぞ。
이인데스요. 이쯔데모 오스끼나 도끼니 도-조

○ 저는 성격이 급한 편이에요.

私(わたし)は 気(き)が短(みじか)い ほうです。

>> 자신의 성격이 어떻다고 생각하세요?

自分の 性格は どんなだと 思いますか。

지분노 세–까꾸와 돈나다또 오모이마스까

>> 만사가 낙천적이에요.

何事につけても 楽天的です。

나니고또니 쯔께떼모 라꾸뗀떼끼데스

>> 저는 성격이 급한 편이에요.

私は 気が短い ほうです。

와따시와 기가 미지까이 호–데스

>> 자신이 외향적이라고 생각하세요?

ご自分が 外向的だと 思いますか。

고지붕가 가이꼬–떼끼다또 오모이마스까

>> 내성적이라고 생각해요.

内向的だと 思います。

나이코–테키다토 오모이마스

>> 그다지 사교적이 아니에요.

あまり 社交的ではありません。

아마리 샤꼬–떼끼데와 아리마셍

>> 친구는 저를 항상 밝다고 말합니다.

友達は 私のことを いつも 明るいと言ってくれます。

도모다찌와 와따시노 고또오 이쯔모 아까루이또 잇떼 구레마스

>> 저는 누구하고도 협력할 수 있어요.

私は 誰とでも 協力できます。

와따시와 다레또데모 쿄-료꾸 데끼마스

>> 그는 어떤 사람인가요?

彼は どんな 人ですか。

가레와 돈나 히또데스까

>> 무척 근면한 사람이에요.

きわめて 勤勉な 人です。

기와메떼 김벤나 히또데스

• 자신의 성격이 어떻다고 생각하세요? 사람의 성격을 나타내는
  표현을 알아보죠.

그는 장난꾸러기에요. 彼(かれ)は わんぱく坊主(ぼうず)です。[가레와 왐빠꾸보-즈데스]

그녀는 말괄량이에요. 彼女(かのじょ)は おてんばです。[가노죠와 오뗌바데스]

낙천적이에요. 楽天的(らくてんてき)です。[라꾸텐테키데스]

활동적이에요. 活動的(かつどうてき)です。[카츠도-테키데스]

덜렁댑니다. そそっかしいんです。[소속까시인데스]

소극적인 편이에요. ひっこみ思案(じあん)のほうです。[힉꼬미지안노 호-데스]

저는 성미가 급해요. 私(わたし)はせっかちです。[와따시와 섹까치데스]

30

/ 외모를 말할 때 /

➡ 저는 어머니를 많이 닮았어요.
私(わたし)は 母(はは)に よく 似(に)ています。

>> 키는 어느 정도 되세요?
背は どのくらい ありますか。
세와 도노꾸라이 아리마스까

>> 키는 큰 편이에요.
背は 高い ほうです。
세와 다카이 호-데스

>> 저는 좀 작아요.
私は ちょっと 小さいです。
와따시와 촛또 치이사이데스

>> 체중은 어느 정도인가요?
体重は どのくらいですか。
타이쥬-와 도노꾸라이데스까

>> 약간 체중이 늘었어요.
いくらか 体重が 増えました。
이꾸라까 타이쥬-가 후에마시따

>> 너무 살이 찐 것 같아요.
ちょっと 太りすぎてるようです。
촛또 후또리스기떼루 요-데스

>> 어머니를 닮았나요, 아니면 아버지를 닮았나요?

母親に 似ていますか、それとも 父親ですか。

하하오야니 니떼이마스까, 소레또모 치찌오야데스까

>> 저는 어머니를 많이 닮았어요.

私は 母に よく 似ています。

와따시와 하하니 요꾸 니떼이마스

>> 저는 아무도 닮지 않았어요.

私は 誰にも 似ていません。

와따시와 다레니모 니떼이마셍

>> 그녀는 키가 크고 날씬해요.

彼女は 背が 高く すらっとしています。

가노죠와 세가 다까꾸 스랏또시떼 이마스

생생 Key-word

• 외모를 나타내는 표현을 알아보죠.

그는 미남이에요. 彼(かれ)は · ハンサムです。[가레와 한사무데스]

그는 남자다워요. 彼(かれ)は男(おとこ)らしいです。[카레와 오토코라시이데스]

그녀는 매력적이에요. 彼女(かのじょ)は 魅力的(みりょくてき)です。[가노죠와 미료꾸떼끼데스]

아주 멋쟁이시군요. とてもおしゃれですね。[토테모 오샤레데스네]

젊어 보이세요. 若(わか)くみえます。[와카쿠 미에마스]

패션감각이 있어요. ファッション感覚(かんかく)がありますね。
[팟숀 캉카쿠가 아리마스네]

조금 야윈 것 같아요. 少(すこ)し お痩(や)せになりましたね。
[스꼬시 오야세니 나리마시다네]

31

◐ 누구를 바꿔드릴까요?

だれにお代(か)わり致(いた)しましょうか。

>> 전화 좀 받으실래요?

電話にちょっと出てくれますか。

뎅와니 촛또 데떼 꾸레마스까

>> 제가 전화를 받을게요.

私が 電話に 出ましょう。

와따시가 뎅와니 데마쇼―

>> 당신에게 전화가 왔네요.

あなたに お電話です。

아나따니 오뎅와데스

>> 누구를 바꿔드릴까요?

だれに お代わり 致しましょうか。

다레니 오카와리 이타시마쇼―까

>> 전화 거시는 분은 누구신가요?

電話かけている 方はどなたさまでしょうか。

뎅와 가께떼 이루 카타와 도나타사마데쇼―까

>> 잠시 기다려 주세요.

少々お待ちください。

쇼―쇼― 오마찌 구다사이

>> 곧 기무라씨를 바꿔드리겠어요.
ただいま 木村さんと 代わります。
다다이마 기무라산또 가와리마스

>> 접니다만, 누구십니까?
私ですが、 どちら様でしょうか。
와따시데스가, 도찌라사마데쇼-까

>> 잠깐 자리를 비웠어요.
ちょっと 席を はずしております。
춋또 세끼오 하즈시떼 오리마스

>> 방금 점심을 먹으러 나갔어요.
ただいま 昼食に 出ておりますが。
다다이마 츄-쇼꾸니 데떼 오리마스가

>> 미안합니다. 지금 회의중이세요.
すみません。ただいま 会議中です。
스미마셍. 다다이마 카이기쮸-데스

>> 번호가 틀린 것 같습니다만.
番号を お間違えのようですが。
방고-오 오마찌가에노 요-데스가

>> 몇 번에 거셨어요?
何番へ おかけですか。
남방에 오가께떼스까

○ 여보세요, 다나카씨 부탁해요.

もしもし、田中(たなか)さんを お願(ねが)いします。

›› 여보세요, 다나카씨 부탁해요.

もしもし、田中さんを お願いします。

모시모시, 다나까상오 오네가이시마스

›› 여보세요, 요시다씨 댁인가요?

もしもし、吉田さんの お宅ですか。

모시모시, 요시다산노 오따꾸데스까

›› 여보세요, 기무라씨와 통화하고 싶은데요.

もしもし、木村さんと お話ししたいんですが。

모시모시, 기무라산또 오하나시 시따인데스가

›› 교환을 통해야 하나요?

交換台を 通さないと いけませんか。

코-깐다이오 도-사나이또 이께마셍까

›› 전화 받으시는 분은 누구신가요?

お電話に 出てる 方は どちらさまですか。

오뎅와니 데떼루 카타와 도치라사마데스까

›› 내선 5번을 부탁해요.

内線の 5番を お願いします。

나이센노 고방오 오네가이시마스

>> 경리부에 있는 아무 분과 통화하고 싶은데요.

経理部の どなたかと お話ししたいんですが。

게-리부노 도나따까또 오하나시 시따인데스가

>> 끊어졌는데, 다시 한번 연결해주세요.

切ってしまったので、 もう一度 つないでください。

짓떼 시맛따노데 모-이찌도 쯔나이데 구다사이

>> 바쁘신 것 같은데 이만 끊을게요.

忙しそうなので これで 切ります。

이소가시소-나노데 고레데 키리마스

>> 5분 후에 다시 걸게요.

5分後に かけ直します。

고훙 아또니 가께나오시마스

>> 나중에 다시 한번 걸게요.

あとで もう一度 かけなおします。

아또데 모- 이찌도 가께나오시마스

>> 미안합니다. 번호를 잘못 걸었습니다.

すみません。番号を かけ間違えました。

스미마셍. 방고-오 가께마찌가에마시따

>> 제 휴대전화 번호예요. 아무 때나 전화하세요.

私の携帯番号です。 いつでもお電話ください。

와따시노 케-타이 방고-데스. 이쯔데모 오뎅와 구다사이

➡ 메모를 남겨도 되나요?
メッセージを 残(のこ)してもいいですか。

≫ 전하실 말씀이 있으세요?
伝言(でんごん)が ありますか。
뎅공가 아리마스까

≫ 30분 후에 다시 걸어주시겠어요?
30分後(さんじゅっぷんご)に かけなおして いただけますか。
산줍뽕고니 가께나오시떼 이따다께마스까

≫ 메모를 남겨도 되나요?
メッセージを 残(のこ)してもいいですか。
멧세지오 노코시떼모 이-데스까

≫ 지금은 출장 중이세요.
今(いま) 出張中(しゅっちょうちゅう)です。
이마 슛쵸-쮸-데스

≫ 언제 돌아오시나요?
いつ お戻(もど)りに なりますか。
이쯔 오모도리니 나리마스까

≫ 돌아오면 전화드리라고 할까요?
帰(かえ)ったら 電話(でんわ)するように 言(い)いましょうか。
가엣따라 뎅와스루 요-니 이-마쇼-까

>> 메시지를 전해 드릴까요?
伝言を お伝えしましょうか。
뎅공오 오쯔타에 시마쇼-까

>> 전화 왔다고 전해주세요.
電話があったと お伝えください。
뎅와가 앗따또 오쯔타에 구다사이

>> 저한테 전화하라고 말해주세요.
私に 電話を くれるように 言ってください。
와따시니 뎅와오 구레루 요-니 잇떼 구다사이

>> 그렇게 전할게요.
そう お伝えします。
소- 오쯔타에시마스

>> 알겠습니다. 메시지를 전해 드리겠어요.
わかりました。伝言を お伝えしておきます。
와까리마시다. 뎅공오 오쯔타에 시떼 오끼마스

>> 무슨 연락할 방법은 없나요?
何とか 連絡する 方法は ありませんか。
난또까 렌라꾸스루 호-호-와 아리마셍까

>> 이 번호는 밤에 연락이 가능해요.
この番号で 夜に 連絡できます。
고노 방고-데 요루니 렌라꾸데끼마스

34 / 길 물어볼 때 /

➡ 역으로 가는 길을 가르쳐주세요.
駅(えき)へ 行(い)く 道(みち)を 教(おし)えてください。

>> 길을 잃어버렸어요.
私は 道に 迷って しまいました。
와따시와 미찌니 마욧떼 시마이마시따

>> 길을 잘못 들었어요. 여기는 어디인가요?
道を 間違えました。 ここは どこですか。
미치오 마찌가에마시따. 고꼬와 도꼬데스까

>> 현재 위치를 가르쳐주세요.
現在の 位置を 教えて ください。
겡자이노 이찌오 오시에떼 구다사이

>> 이 거리를 뭐라고 부르나요?
この 通りは 何といいますか。
고노 토-리와 난또이-마스까

>> 저것은 무슨 건물인가요?
あの 建物は 何ですか。
아노 다떼모노와 난데스까

>> 팔레스 호텔로 가는 길을 가르쳐주시겠어요?
パレスーホテルへ 行く道を 教えてくれますか。
파레스-호떼루에 이꾸 미찌오 오시에떼 구레마스까

92

>> 우에노 공원은 이 길로 가면 되나요?

上野公園は この道で いいんでしょうか。

우에노 코-엥와 고노 미찌데 이인데쇼-까

>> 버스는 어디에서 타나요?

バスは どこで 乗りますか。

바스와 도꼬데 노리마스까

>> 역으로 가는 길을 가르쳐주세요.

駅へ 行く 道を 教えて ください。

에끼에 이꾸 미찌오 오시에떼 구다사이

>> 미안해요, 역은 어떻게 가면 좋을까요?

すみません、駅へは どう 行ったらよいでしょうか。

스미마셍, 에끼에와 도- 잇따라 요이데쇼-까

>> 여기서 얼마나 먼가요?

ここから どのぐらい かかりますか。

고꼬까라 도노구라이 가까리마스까

>> 실례지만 제가 지금 있는 곳이 어디인가요?

すみませんが、私が今いる所は どこですか。

스미마셍가, 와따시가 이마 이루 토코로와 도꼬데스까

>> 여기에 약도를 그려주실래요?

ここに 略図を 書いて ください。

고꼬니 랴꾸즈오 카이떼 구다사이

➡️ 이 길로 곧장 가세요.

この道(みち)を 真(ま)っ直(す)ぐ 行(い)ってください。

>> 어디 가세요?

どこへ いらっしゃるのですか。

도꼬에 이랏샤루노데스까

>> 집 주소를 보여주실래요?

おうちの 住所(じゅうしょ)を 見(み)せてもらえますか。

오우찌노 쥬-소오 미세떼 모라에마스까

>> 지도를 가지고 있나요?

地図(ちず)を 持(も)っていますか。

치즈오 못떼 이마스까

>> 길을 건너세요.

道(みち)を 渡(わた)ってください。

미치오 와닷떼 구다사이

>> 이 길로 곧장 가세요.

この道(みち)を 真(ま)っ直(す)ぐ 行(い)ってください。

고노 미찌오 맛스구 잇떼 구다사이

>> 여기서 가까워요.

ここから 近(ちか)いです。

고꼬까라 치카이데스

>> 여기서 걸어서 약 5분 정도 걸려요.
ここから 歩いて ほんの 5分ほどです。
고꼬까라 아루이떼 혼노 고훈 호도데스

>> 당신은 반대로 가고 있어요.
あなたは反対に行っています。
아나따와 한타이니 잇떼이마스

>> 첫 번째 모퉁이에서 왼쪽으로 도세요.
1つ目の 角を 左に 曲がりなさい。
히또쯔메노 가도오 히다리니 마가리나사이

>> 제가 약도를 그려드릴게요.
私が 略図を 書いてあげます。
와따시가 랴쿠즈오 카이떼 아게마스

>> 저도 그쪽으로 가니 따라오세요.
私も そちらの 方向へ 行きますから お連れしましょう。
와따시모 소찌라노 호-꼬-에 이끼마스까라 오쯔레시마쇼-

>> 미안합니다. 잘 모르겠어요.
すみません。よく わかりません。
스미마셍. 요꾸 와까리마셍

>> 다른 사람에게 물어보세요.
だれか ほかの人に 聞いてください。
다레까 호까노 히또니 기이떼 구다사이

➡ 여기에 주차해도 되나요?

ここに 車(くるま)を 駐車(しゅうしゃ)しても いいですか。

〉〉 저는 초보운전자입니다.

私は初歩 ドライバーです。

와따시와 쇼호 도라이바-데스

〉〉 속도를 줄이세요.

スピードを 落してください。

스피-도오 오토시떼 구다사이

〉〉 타세요. 댁까지 모셔다드릴게요.

乗ってください。お宅まで お供いたします。

놋떼 구다사이. 오타쿠마데 오토모이타시마스

〉〉 안전벨트를 매세요.

シートベルトを 締めてください。

시-토베루토오 시메떼 구다사이

〉〉 이 근처에 주유소가 있나요?

この近くに ガソリンスタンドは ありますか。

고노 치까꾸니 가소린스딴도와 아리마스까

〉〉 가득 채워주세요.

満タンにしてください。

만딴니 시떼 구다사이

≫ 여기에 주차해도 되나요?

ここに 車を 駐車しても いいですか。

고꼬니 구루마오 츄-샤시떼모 이-데스까

≫ 엔진오일을 점검해주세요.

エンジンオイルを 点検してください。

엔진오이루오 텡켄시떼 구다사이

≫ 시동이 안 걸려요.

エンジンが かからないんです。

엔징가 가까라나인데스

≫ 차에 어디가 이상이 있나요?

車のどこかに 異常 がありますか。

쿠루마노 도꼬까니 이죠-가 아리마스까

• 실생활에서 자주 쓰는 교통 관련 단어를 알아보죠.

주차장 駐車場(ちゅうしゃじょう) [츄-샤죠-]
주차금지 駐車禁止(ちゅうしゃきんし) [츄-샤낀시]
정차금지 停車禁止(ていしゃきんし) [테이샤-낀시]
일방통행 一方通行(いっぽうつうこう) [잇뽀우쯔-꼬우]
통행금지 通行禁止(つうこうきんし) [쯔-꼬우낀시]
건너지 마시오 渡(わた)るな [와타루나]
건너시오 渡(わた)りなさい [와타리나사이]
입구 入口(いりぐち) [이리구찌]   출구 出口(でぐち) [데구찌]

● 여기로 가 주세요.
ここへ 行(い)ってください。

>> 택시 타는 곳은 어디에 있나요?
タクシー乗り場は どこですか。
타꾸시-노리바와 도꼬데스까

>> (주소를 보여주며) 여기로 가 주세요.
ここへ 行ってください。
고꼬에 잇떼 구다사이

>> 공항까지 요금이 얼마나 나와요?
空港まで 料金はいくらですか。
쿠-코-마데 료-킹와 이꾸라데스까

>> 힐튼 호텔로 가주세요.
ヒルトンホテルまで お願いします。
히루톤 호테루마데 오네가이시마스

>> 뒤 트렁크를 열어주실래요?
うしろの トランクを 開けてください。
우시로노 토랑꾸오 아께떼 구다사이

>> 얼마나 걸려요?
どのくらい かかりますか。
도노꾸라이 가까리마스까

>> 조금 서둘러주세요.

少し いそいでください。

스꼬시 이소이데 구다사이

>> 좀더 천천히 가주세요.

もっと ゆっくり 走ってください。

못또 육꾸리 하싯떼 구다사이

>> 여기서 기다려 주실래요?

ここで 待ってもらえませんか。

고꼬데 맛떼 모라에마셍까

>> 여기서 세워주세요.

ここで 止めてください。

고꼬데 도메떼 구다사이

>> 좀더 앞까지 가주세요.

もう少し 先まで 行ってください。

모- 스꼬시 사끼마데 잇떼 구다사이

>> 얼마 나왔어요?

おいくらですか。

오이꾸라데스까

>> 요금이 미터기와 다르군요.

料金が メーターと 違います。

료-낑가 메-따-또 치가이마스

❏ 어디서 갈아타나요?
どこで 乗(の)り換(か)えるのですか。

>> 지하철 역은 어디인가요?
地下鉄の 駅は どこですか。
치까떼쯔노 에끼와 도꼬데스까

>> 가까운 전철역은 어디인가요?
近い 駅は どこですか。
치까이 에끼와 도꼬데스까

>> 전철 노선도를 주시겠어요?
電車の 路線図を ください。
덴샤노 로센즈오 구다사이

>> 표는 어디서 사나요?
切符は どこで 買いますか。
깁뿌와 도꼬데 가이마스까

>> 자동판매기에서 사면 됩니다.
自動販売機で 買って ください。
지도우함바이끼데 캇떼 구다사이

>> 매표기는 어디에 있나요?
切符販売機は どこですか。
깁뿌함바이끼와 도꼬데스까

>> 긴자에는 어떻게 가야 하나요?

銀座へは どうやって 行きますか。

긴자에와 도우얏떼 이끼마스까

>> 5번 출구가 어디인가요?

5番の 出口は どこですか。

고방노 데구치와 도꼬데스까

>> 어디서 갈아타나요?

どこで 乗り換えるのですか。

도꼬데 노리까에루노데스까

>> 몇 번 홈에서 타면 되나요?

何番 ホームで 乗れば いいですか。

난방 호-무데 노레바 이-데스까

>> 다음 역은 어디인가요?

次の 駅は どこですか。

쯔기노 에끼와 도꼬데스까

>> 출구는 어디인가요?

出口は どこですか。

데구찌와 도꼬데스까

>> 미안합니다. 표를 잃어버렸어요.

すみません。切符を なくしました。

스미마셍. 김뿌오 나꾸시마시따

⏵ 버스 요금은 얼마인가요?

バスの 料金(りょうきん)は いくらですか。

〉〉 버스정류장은 어디인가요?

バス停は どこですか。

바스떼-와 도꼬데스까

〉〉 직행버스 터미널은 어디에 있나요?

直通バスターミナルは どこに ありますか。

쵸꾸츠- 바스따-미나루와 도꼬니 아리마스까

〉〉 어느 버스를 타면 되나요?

どのバスに 乗れば いいですか。

도노 바스니 노레바 이-데스까

〉〉 몇 번 버스를 타면 되나요?

何番バスに 乗れば いいですか。

난방바스니 노레바 이-데스까

〉〉 거기에 가는 직행버스는 있나요?

そこへ 行く 直通バスは ありますか。

소꼬에 이꾸 쵸꾸츠-바스와 아리마스까

〉〉 시내로 가려면 어느 버스를 타야 하나요?

市内に行くには どの バスに乗りますか。

시나이니 이쿠니와 도노 바스니 노리마스까

>> 호텔까지 데리러 와 주나요?

ホテルまで 迎えに 来てくれるのですか。

호떼루마데 무까에니 기떼 구레루노데스까

>> 버스 요금은 얼마인가요?

バスの 料金は いくらですか。

바스노 료-낑와 이꾸라데스까

>> 이 버스는 몇 시에 출발하나요?

この バスは 何時に 出発しますか。

고노 바스와 난지니 슛빠쯔시마스까

>> 다음 버스는 몇 시인가요?

次の バスは 何時に なりますか。

쯔기노 바스와 난지니 나리마스까

>> 여기가 내려야 할 곳인가요?

ここが 降りる ところですか。

고꼬가 오리루 토꼬로데스까

>> 여기서 내려주세요.

ここで 降ろして ください。

고꼬데 오로시떼 구다사이

>> 도착하면 알려주세요.

着いたら 教えて ください。

쯔이따라 오시에떼 구다사이

오늘 막차는 몇 시에 있나요?

今日(きょう)の 終電(しゅうでん)は 何時(なんじ)でしょうか。

>> 매표소는 어디인가요?
切符売(きっぷう)り場(ば)は どこですか。
깁뿌우리바와 도꼬데스까

>> 예약 창구는 어디인가요?
予約(よやく)の 窓口(まどぐち)は どこですか。
요야꾸노 마도구찌와 도꼬데스까

>> 교토까지 편도로 2장 주세요.
京都(きょうと)まで 片道(かたみち) 2枚(にまい) お願(ねが)いします。
쿄-또마데 가따미찌 니마이 오네가이시마스

>> 1등석으로 주세요.
一等席(いっとうせき)を ください。
잇또-세끼오 구다사이

>> 급행열차가 있나요?
急行列車(きゅうこうれっしゃ)が ありますか。
큐-꼬-렛샤가 아리마스까

>> 내일 아침 동경행 표가 있나요?
明日(あした)の 朝(あさ)の 東京行(とうきょうゆ)きの 切符(きっぷ)は ありますか。
아시따노 아사노 도꾜유끼노 깁뿌와 아리마스까

>> 교토에는 몇 시에 도착하나요?
京都には 何時に 着きますか。
교-또니와 난지니 츠끼마스까

>> 도중에 하차할 수 있나요?
途中下車は できますか。
도쮸-게샤와 데끼마스까

>> 5번 홈은 어디인가요?
5番ホームは どこですか。
고방 호-무와 도꼬데스까

>> 거기는 제 자리인데요.
そこは 私の 席です。
소꼬와 와따시노 세끼데스

>> 열차를 놓쳤어요.
乗り遅れてしまいました。
노리오꾸레떼 시마이마시따

>> 오늘 막차는 몇 시에 있나요?
今日の 終電は 何時でしょうか。
쿄-노 슈-덴와 난지데쇼우까

>> 다음 열차는 몇 시인가요?
次の 列車は 何時ですか。
쯔기노 렛샤와 난지데스까

● 오늘밤 예약하고 싶은데요.

今晩(こんばん) 席(せき)を 予約(よやく)したいのです。

〉〉 맛있는 집을 소개해주세요.

何か おいしものを 紹介して ください。

나니까 오이시-모노오 쇼-까이시떼 구다사이

〉〉 어디 좋은 데 없나요?

どこか いい ところは ありませんか。

도꼬까 이- 도꼬로와 아리마셍까

〉〉 그곳은 예약이 필요한가요?

そこに いくには 予約が 必要ですか。

소꼬니 이꾸니와 요야꾸가 히쯔요-데스까

〉〉 여기서 예약할 수 있나요?

ここで 予約できますか。

고꼬데 요야꾸 데끼마스까

〉〉 오늘밤 예약하고 싶은데요.

今晩 席を 予約したいのです。

곰방 세끼오 요야꾸 시따이노데스

〉〉 7시에 4명 자리를 부탁해요.

7時に 4人の 席を お願いします。

시찌지니 요닌노세끼오 오네가이시마스

>> 일본요리가 먹고 싶어요.

日本料理が 食べたいですね。

니혼료-리가 다베따이데스네

>> 맛있는 일본요리집이 있나요?

おいしい 日本料理屋が ありますか。

오이시이 니혼료-리야가 아리마스까

>> 이곳에 한국 식당 있나요?

この町に 韓国レストランは ありますか。

고노 마찌니 캉꼬꾸 레스또랑와 아리마스까

>> 이 근처에 맛있게 하는 음식점은 없습니까?

この近くに おいしい レストランは ありませんか。

고노 치까꾸니 오이시- 레스또랑와 아리마셍까

>> 이곳 사람들이 많이 가는 레스토랑이 있나요?

地元の人が よく 行く レストランは ありますか。

지모또노 히또가 요꾸 이꾸 레스또랑와 아리마스까

>> 그다지 비싸지 않은 레스토랑이 좋아요.

あまり 高くない レストランが いいです。

아마리 타까꾸나이 레스또랑가 이-데스

>> 미안합니다. 예약을 취소하고 싶어요.

すみません。予約を 取り消したいのです。

스미마셍. 요야꾸오 도리께시따이노데스

➡ 창가 쪽 테이블로 부탁해요.

窓際(まどぎわ)の テーブルで おねがいします。

〉〉 안녕하세요. 예약하셨나요?

こんばんは。ご予約は いただいていますか。

곰방와. 고요야꾸와 이따다이떼 이마스까

〉〉 어서 오세요. 몇 분이신가요?

いらっしゃいませ。何名様でしょうか。

이랏샤이마세. 남메–사마데쇼–까

〉〉 몇 분이십니까?

何名様ですか。

남메–사마데스까

〉〉 창가 쪽 자리가 좋아요.

窓際の 席が いいのですが。

마도기와노 세끼가 이–노데스가

〉〉 창가 쪽 테이블로 부탁해요.

窓際の テーブルで おねがいします。

마도기와노 테–부루데 오네가이시마스

〉〉 조용한 안쪽 자리로 부탁해요.

静かな 奥の席に お願いします。

시즈까나 오꾸노 세끼니 오네가이시마스

>> 흡연석으로 부탁해요.

喫煙席に お願いします。
<ruby>喫煙席<rt>きつえんせき</rt></ruby> <ruby>願<rt>ねが</rt></ruby>

기쯔엔세끼니 오네가이시마스

>> 좌석까지 안내해 주실래요?

席まで 案内して いただけますか。
<ruby>席<rt>せき</rt></ruby> <ruby>案内<rt>あんない</rt></ruby>

세끼마데 안나이시떼 이따다께마스까

>> 안내해드릴 때까지 기다려주세요.

ご案内するまで お待ちください。
<ruby>案内<rt>あんない</rt></ruby> <ruby>待<rt>ま</rt></ruby>

고안나이 스루마데 오마찌 구다사이

>> 이쪽으로 오세요.

こちらへ どうぞ。

꼬찌라에 도-조

>> 예약하지 않았는데요.

予約は しておりません。
<ruby>予約<rt>よやく</rt></ruby>

요야꾸와 시떼 오리마셍

>> 몇 시 정도에 자리가 납니까?

何時なら 席を とれますか。
<ruby>何時<rt>なんじ</rt></ruby> <ruby>席<rt>せき</rt></ruby>

난지나라 세끼오 도레마스까

>> 동석해도 괜찮을까요?

相席しても いいでしょうか。
<ruby>相席<rt>あいせき</rt></ruby>

아이세끼시떼모 이-데쇼-까

---

43 / 음식 주문하기 /

○ 이 가게에서 잘하는 요리는 뭔가요?
この店(みせ)の 自慢料理(じまんりょうり)は 何(なん)ですか。

>> 메뉴 좀 보여주세요.
メニューを 見(み)せて ください。
메뉴-오 미세떼 구다사이

>> 추천요리는 무엇인가요?
おすすめは 何(なん)ですか。
오스스메와 난데스까

>> 이 가게에서 잘하는 요리는 뭔가요?
この店(みせ)の 自慢料理(じまんりょうり)は 何(なん)ですか。
고노미세노 지만료-리와 난데스까

>> 이곳의 이름난 요리는 뭔가요?
この 土地(とち)の 名物料理(めいぶつりょうり)は 何(なん)ですか。
고노 토찌노 메이부쯔료-리와 난데스까

>> 이것은 무슨 요리인가요?
これは どういう 料理(りょうり)ですか。
고레와 도-이우 료-리데스까

>> 오늘의 특별요리가 있나요?
本日(ほんじつ)の 特別料理(とくべつりょうり)は ありますか。
혼지쯔노 토꾸베쯔료-리와 아리마스까

>> (종업원을 부르며) 주문 좀 받으세요.

注文を したいのですが。

츄-몽오 시따이노데스가

>> (메뉴를 가리키며) 이것과 이것으로 주세요.

これと これを お願いします。

고레또 고레오 오네가이시마스

>> 저도 같은 것으로 주세요.

私にも 同じ物を お願いします。

와따시니모 오나지모노오 오네가이시마스

>> 가볍게 식사를 하고 싶어요.

軽い 食事を したいのです。

가루이 쇼꾸지오 시따이노데스

생생 Key-word

• 일본에서 간단하게 즐길 수 있는 음식을 알아보죠.

우동집 うどん屋(や) [우동야]	라면집 ラーメン屋(や) [라-멩야]
초밥집 寿司屋(すしや) [스시야]	생선초밥 寿司(すし) [스시]
김밥 のりまき [노리마끼]	생선구이 焼(や)き魚(ざかな) [야끼자까나]
튀김덮밥 天丼(てんどん) [덴동]	굴(해산물) かき [카끼]
닭꼬치 焼(や)き鳥(とり) [야끼도리]	덮밥 丼(どん)ぶり [돔부리]
야키소바 焼(や)きそば [야끼소바]	불고기 焼(や)き肉(にく) [야끼니꾸]
일본주 日本酒(にほんしゅ) [니혼슈]	생맥주 生(なま)ビール [나마비-루]

◑ 이건 주문하지 않았는데요.

これは 注文(ちゅうもん) していませんが。

>> 주문한 음식이 아직 안 나왔어요.

注文した ものが 来ていません。

츄–몬시따 모노가 기떼 이마셍

>> 얼마 정도 기다려야 하나요?

どのくらい 待ちますか。

도노쿠라이 마찌마스까

>> 주문을 확인해 주실래요?

注文を 確かめて ください。

츄–몽오 다시까메떼 구다사이

>> 이건 주문하지 않았는데요.

これは 注文していませんが。

고레와 츄–몬시떼 이마셍가

>> 여기요, 물 한 잔 더 주세요.

すみません、お水 もう一杯 お願いします。

스미마셍, 오미즈 모– 입빠이 오네가이시마스

>> 빵을 좀더 주세요.

もう少し パンを ください。

모– 스꼬시 팡오 구다사이

>> 이 요리를 데워주세요.

この料理を 温めてください。

고노 료-리오 아따따메떼 구다사이

>> 이건 어떻게 먹으면 되나요?

これは どうやって 食べたら いいですか。

고레와 도-얏떼 다베따라 이-데스까

>> 소금 좀 갖다 주시겠어요?

塩を いただけますか。

시오오 이따다께마스까

>> 젓가락을 떨어뜨렸어요.

箸を 落としてしまいました。

하시오 오또시떼 시마이마시따

>> 새 것으로 바꿔주세요.

新しいのと 取り替えてください。

아따라시-노또 도리까에떼 구다사이

>> 미안합니다. 이걸 치워주시겠어요?

すみません。これを 下げてください。

스미마셍. 고레오 사게떼 구다사이

>> 디저트는 어떻게 하시겠어요?

デザートは いかが なさいますか。

데자-또와 이까가 나사이마스까

○ 이 요리 맛있네요.
この料理(りょうり) うまいですね。

>> 맛은 어때요?
味は どうですか。
아지와 도-데스까

>> 이 요리 맛있네요.
この料理 うまいですね。
고노 료-리 우마이데스네

>> 많이 집으세요.
たくさん 取ってくださいね。
닥상 돗떼 구다사이네

>> 어떤 음식을 좋아하세요?
どんな 食べ物が お好みですか。
돈나 다베모노가 오꼬노미데스까

>> 일본요리 중에서 어느 것을 좋아하세요?
日本料理の中で どれが お好きですか。
니혼 료-리노 나까데 도레가 오스끼데스까

>> 무엇이든 잘 먹어요. 음식은 까다롭지 않아요.
何でも 食べます。食べ物には うるさくないんです。
난데모 다베마스. 다베모노니와 우루사꾸나인데스

>> 유감스럽지만 입에 맞지 않는군요.
残念ながら 口に 合いません。
잔넨나가라 구찌니 아이마셍

>> 싫으면 남기셔도 됩니다.
お嫌いでしたら 残しても いいんですよ。
오끼라이데시따라 노꼬시떼모 이인데스요

>> 모두 정말 맛있게 먹었어요.
何もかも 実に おいしく いただきました。
나니모까모 지쓰니 오이시꾸 이따다끼마시따

>> 커피 한 잔 마실까요?
コーヒーを 一杯 飲みましょうか。
코-히-오 입빠이 노미마쇼-까

>> 홍차나 커피는 하루에 몇 잔 정도 드세요?
紅茶や コーヒーを 1日何杯くらい 飲みますか。
고-쨔야 코-히-오 이찌니찌 남바이 구라이 노미마스까

>> 멋진 저녁이었어요.
すばらしい 夕食でした。
스바라시- 유-쇼꾸데시따

>> 오늘 저녁은 제가 낼게요.
今夜は 私の おごりです。
공야와 와따시노 오고리데스

○ 계산해 주세요.

お勘定(かんじょう) お願(ねが)いします。

>> 어디서 지불하나요?

どこで 払うのですか。

도꼬데 하라우노데스까

>> 계산해 주세요.

お勘定 お願いします。

오깐죠- 오네가이시마스

>> 전부해서 얼마인가요?

全部で おいくらですか。

젬부데 오이꾸라데스까

>> 봉사료는 포함되어 있나요?

サービス料は 入っていますか。

사-비스료-와 하잇떼 이마스까

>> 따로따로 지불하고 싶은데요.

別々に 支払いを したいのですが。

베쯔베쯔니 시하라이오 시따이노데스가

>> 제가 모두 내겠어요.

私が まとめて 払います。

와따시가 마또메떼 하라이마스

>> 신용카드도 받나요?

クレジットカードで 支払えますか。
しはら

쿠레짓또카-도데 시하라에마스까

>> 현금으로 계산할게요.

現金で 払います。
げんきん　はら

겡낀데 하라이마스

>> 이 요금은 뭔가요?

この料金は 何ですか。
りょうきん　なん

고노 료-낑와 난데스까

>> 계산서를 나눠주실래요?

計算書は 分けていただけますか。
けいさんしょ　わ

게-산쇼와 와께떼 이따다께마스까

>> 계산이 틀린 것 같아요.

計算が 違っているようです。
けいさん　ちが

게-상가 치갓떼이루 요-데스

>> 거스름돈이 틀린 것 같은데요.

おつりが 違っているようですが。
ちが

오쯔리가 치갓떼이루 요-데스가

>> 영수증 주세요.

領収書を ください。
りょうしゅうしょ

료-슈-쇼오 구다사이

◐ 기념품은 어디에서 파나요?

記念品(きねんひん)は どこで 売(う)って いますか。

〉〉 쇼핑센터는 어디에 있나요?

ショッピングセンターは どこに ありますか。

숍핑구 센따―와 도꼬니 아리마스까

〉〉 이 주변에 백화점이 있나요?

この 辺りに デパートは ありますか。

고노 아따리니 데빠―또와 아리마스까

〉〉 면세점은 있나요?

免税店は ありますか。

멘제―뗑와 아리마스까

〉〉 기념품은 어디에서 파나요?

記念品は どこで 売って いますか。

기넹힝와 도꼬데 웃떼 이마스까

〉〉 이 도시의 특산물은 무엇인가요?

この 町の 特産物は 何ですか。

고노 마찌노 토꾸산부쯔와 난데스까

〉〉 친구에게 줄 선물을 사고 싶어요.

友達への お土産を 買いたいんですが。

도모다찌에노 오미야게오 가이따인데스가

>> 아이들에게 줄 선물을 사고 싶어요.

子供への おみやげを 買いたいんですが。

코도모에노 오미야게오 가이따인데스가

>> 그 가게는 오늘 문을 열었나요?

その店は 今日 開いていますか。

소노 미세와 쿄- 아이떼 이마스까

>> 영업시간은 몇 시부터 몇 시까지인가요?

営業時間は 何時から 何時までですか。

에-교-지깡와 난지까라 난지마데 데스까

>> 편의점을 찾고 있어요.

コンビニを 探しています。

콤비니오 사가시떼 이마스

생생 Key-word

- 일본에서는 호텔의 아케이드, 쇼핑센터, 백화점과 전문점, 지하상가 등에서 최고의 서비스와 함께 면세 가격으로 다양한 종류의 상품을 구입할 수 있죠. 원하는 쇼핑 매장을 찾아 볼까요?

기념품	記念品(きねんひん) [기넹힝]	특산물	特産物(とくさんぶつ) [토꾸산부쯔]
도자기	陶磁器(とうじき) [도-지끼]	골동품점	骨董屋(こっとうや) [곳또-야]
토산품	お土産(みやげ) [오미야게]	면세품	免税品(めんぜいひん) [멘제-힝]
귀금속	貴金属(ききんぞく) [끼낀조꾸]	일본옷	和服(わふく) [와후꾸]
스포츠용품	スポーツ用具(ようぐ) [스뽀-쯔요-구]		

119

⮕ 이 가방을 보여주시겠어요?
このバッグを 見(み)せてもらえますか。

>> 여기 잠깐 봐주실래요?

ちょっと よろしいですか。
촛또 요로시-데스까

>> 이것과 같은 것은 있나요?

これと 同じものは ありますか。
고레또 오나지 모노와 아리마스까

>> 저걸 보여주시겠어요?

あれを 見せてください。
아레오 미세떼 구다사이

>> 이 가방을 보여주시겠어요?

このバッグを 見せてもらえますか。
고노 박구오 미세떼 모라에마스까

>> 무슨 색이 있나요?

何色が ありますか。
나니이로가 아리마스까

>> 이건 무슨 향인가요?

これは 何の 香りですか。
고레와 난노 가오리데스까

>> 어떤 디자인이 유행하고 있나요?

どんな デザインが 流行していますか。

돈나 데자인가 류-꼬-시떼 이마스까

>> 몇 가지 보여주세요.

いくつか 見せてください。

이꾸쓰까 미세떼 구다사이

>> 더 큰 게 있나요?

もっと 大きいのは ありますか。

못또 오-끼-노와 아리마스까

>> 더 작은 게 있나요?

もっと 小さいのは ありますか。

못또 치-사이노와 아리마스까

>> 사이즈를 재주시겠어요?

サイズを 測っていただけますか。

사이즈오 하깟떼 이따다께마스까

>> 다른 것을 보여주실래요?

別の ものを 見せていただけますか。

베쯔노 모노오 미세떼 이따다께마스까

>> 다른 디자인은 있나요?

他の デザインは ありますか。

호까노 데자잉와 아리마스까

○ 전부해서 얼마입니까?

全部(ぜんぶ)で いくらになりますか。

〉〉 하나에 얼마인가요?

ひとつ いくらですか。

히또쯔 이꾸라데스까

〉〉 더 싼 것은 없나요?

もっと 安(やす)い 物(もの)は ありませんか。

못또 야스이 모노와 아리마셍까

〉〉 너무 비싸요. 깎아주실래요?

高(たか)すぎます。負(ま)けてくれますか。

다까스기마스. 마께떼 구레마스까

〉〉 더 싸게 해 주실래요?

もっと 安(やす)くして くれませんか。

못또 야스꾸시떼 구레마셍까

〉〉 현금으로 지불하면 더 싸게 해주시나요?

現金払(げんきんばら)いなら 安(やす)くなりますか。

겡낑바라이나라 야스꾸 나리마스까

〉〉 이건 세일하는 중인가요?

これは セール中(ちゅう)ですか。

고레와 세-루쮸 데스까

>> 이걸로 하겠어요. 20개 주세요.

これに します。20個 ください。

고레니 시마스. 니쥭꼬 구다사이

>> 계산은 어디서 해요?

会計は どちらですか。

카이께-와 도찌라데스까

>> 전부해서 얼마입니까?

全部で いくらになりますか。

젬부데 이꾸라니 나리마스까

>> 카드도 되나요?

カードで 支払いできますか。

카-도데 시하라이 데끼마스까

>> 여행자수표도 받나요?

トラベラーズチェックで 支払いできますか。

토라베라-즈첵꾸데 시하라이 데끼마스까

>> 이걸 선물용으로 포장해 주실래요?

これを ギフト用に 包んでもらえますか。

고레오 기후또요-니 쯔즌데 모라에마스까

>> 따로따로 포장해 주세요.

別々に 包んでください。

베쯔베쯔니 쯔즌데 구다사이

● 이것을 교환하고 싶어요.

これを 交換(こうかん)したいんですが。

>> 다른 것으로 바꿔주실래요?

別の物と 取り替えていただけますか。

베쯔노 모노또 도리까에떼 이따다께마스까

>> 여기에 얼룩이 있어요.

ここに シミが 付いています。

고꼬니 시미가 쯔이떼 이마스

>> 샀을 때는 몰랐어요.

買った ときには 気が つきませんでした。

갓따 토끼니와 키가 쯔끼마센데시다

>> 이것을 교환하고 싶어요.

これを 交換したいんですが。

고레오 코-칸시타인데스가

>> 사이즈가 맞지 않았어요.

サイズが 合いませんでした。

사이즈가 아이마센데시따

>> 어제 샀어요.

昨日 買いました。

기노- 가이마시따

>> 새 것으로 바꿔드리겠습니다.
新しいものと お取り替えします。
아따라시- 모노또 오또리까에 시마스

>> 반품하고 싶은데요.
返品したいのですが。
헴삔시따 이노데스가

>> 어디로 가면 되나요?
どこに 行けば いいのですか。
도꼬니 이께바 이-노데스까

>> 환불해 주실래요?
返金してもらえますか。
헨낀시떼 모라에마스까

>> 수리해 주든지, 환불해 주시겠어요?
修理するか、お金を 返していただけますか。
슈-리스루까 오까네오 가에시떼 이따다께마스까

>> 대금은 이미 지불했어요.
代金は もう 払いました。
다이낑와 모- 하라이마시따

>> 영수증 여기 있어요.
領収書は これです。
료-슈-쇼와 고레데스

Chapter 4
Communication Japanese

서로 대화할 때 상대방의 의견을 잘 듣고 자신의 의견을 잘 전달해야
합니다. 말 한마디로 천 냥 빚을 갚는다는 말도 있듯이 모자라지도
넘치지도 않게 자신의 생각이나 의견을 상대에게 전달하는 것은
정말 대단한 능력입니다. 이 장에서는 질문을 주고받고 자기 생각을
말할 때, 협상이나 의견을 조율할 때, 제안이나 부탁할 때,
이해했는지 확인할 때 등 상대방과의 의사소통을 위한
다양한 표현들을 담았습니다.

4_ 왕초보도 술술! 의사소통 일본어

티끌 모아 태산이다.

塵(ちり)も 積(つ)もれば 山(やま)となる。
[찌리모 쯔모레바 야마또나루]

51 / 상대에게 말을 꺼낼 때 /

➡ 잠깐 말씀 드리고 싶은데요.
ちょっと お話(はな) ししたいのです。

>> 할 말이 있어요.
話(はなし)があるんです。
하나시가 아룬데스

>> 좀 여쭙고 싶어요.
ちょっと お聞(き)きしたいのですが。
촛또 오키끼 시따이노데스가

>> 잠깐 말씀 드리고 싶은데요.
ちょっと お話(はな)ししたいのです。
촛또 오하나시 시따이노데스

>> 말씀드릴 게 있어요.
お話(はな)ししたい ことが あります。
오하나시 시따이 고또가 아리마스

>> 당신과 이야기 좀 나눌 수 있나요?
あなたと ちょっと 話(はな)しできますか。
아나따또 촛또 하나시 데끼마스까

>> 무슨 용건이신가요?
何(なん)の ご用件(ようけん)でしょうか。
난노 고요-껜데쇼-까

>> 무슨 말을 하고 싶으세요?
どんな 話がしたいんですか。
돈나 하나시가 시따인데스까

>> 제 이야기를 잠시 들어보세요.
私の 話を ちょっと 聞いてください。
와따시노 하나시오 춋또 키이떼 구다사이

>> 개인적인 말씀을 드리고 싶어요.
個人的な ことを 申し上げたいんです。
코진테키나 고또오 모-시아게따인데스

>> 누구에게 물어보면 될까요?
誰に 聞いたら いいですか。
다레니 기이따라 이-데스까

>> 누구에게 그 이야기를 들었나요?
誰から その話を 聞いたのですか。
다레까라 소노 하나시오 기이따노데스까

>> 이야기 계속하세요.
話を 続けてください。
하나시오 쓰즈께떼 구다사이

>> 왜 그런 말을 하세요?
どうして そんな こと 言うんですか。
도-시떼 손나 고또 이운데스까

◯ 저도 그래요.

私(わたし)も そうなんです。

>> 네, 그래요.

はい、 そうです。
하이 소-데스

>> 네, 알겠어요.

はい、 分かりました。
하이 와까리마시따

>> 네, 괜찮아요.

ええ、 かまいません。
에- 가마이마셍

>> 저도 그래요.

私も そうなんです。
와따시모 소-난데스

>> 저도 같아요.

私だって 同じです。
와따시닷떼 오나지데스

>> 응, 나도 그렇게 생각해.

うん、 私も そう 思うよ。
응, 와따시모 소- 오모우요

>> 네, 그렇게 하세요.

はい、どうぞ。
하이 도-조

>> 네, 좋아요.

はい、いいですよ。
하이 이-데스요

>> 자, 쓰세요.

どうぞ お使いください。
도-조 오쯔까이 구다사이

>> 알겠습니다.

かしこまりました。
가시꼬마리마시따

>> 물론이에요. 좋고말고요!

もちろん。いいとも。
모찌롱. 이-또모

>> 아뇨, 좋아해요.

いいえ、好きです。
이-에 스끼데스

>> 아뇨, 먹을게요.

いいえ、いただきます。
이-에 이따다끼마스

➡️ 아니오, 그렇지 않아요.
いいえ、そうじゃありません。

>> 아니오.

いいえ。
이-에

>> 아니오, 안 됩니다.

いや、だめです。
이야 다메데스

>> 아니오, 됐습니다.

いいえ、けっこうです。
이-에 겟꼬데스

>> 아니오, 그렇지 않아요.

いいえ、そうじゃありません。
이-에 소-쟈 아리마셍

>> 아니오, 달라요.

いいえ、違います。
이-에 치가이마스

>> 전혀 없습니다.

全然 ありません。
젠젱 아리마셍

>> 그렇게 하지 마세요.

そう しないでください。
소- 시나이데 구다사이

>> 아니오, 삼가해 주세요.

いいえ、ご遠慮ください。
이-에 고엔료 구다사이

>> 나는 싫어요.

私は いやだ。
와따시와 이야다

>> 저도 못해요.

私にも できません。
와따시니모 데끼마셍

>> 지금은 안 돼요.

今は だめです。
이마와 다메데스

>> 죄송해요. 안됩니다.

すみません。だめです。
스미마셍. 다메데스

>> 저도 좋아하지 않아요.

私も 好きじゃないんです。
와따시모 스끼쟈 나인데스

◉ 이것과 이것의 차이는 뭔가요?

これと これの 違(ちが)いは 何(なん)ですか。

>> 어디 가세요?

どこへ 行くんですか。

도꼬에 이꾼데스까

>> 무엇부터 시작할까요?

何から 始めましょうか。

나니까라 하지메마쇼-까

>> 지금 무엇을 하고 있나요?

今、何を してるんですか。

이마 나니오 시떼룬데스까

>> 무슨 일로 나가세요?

何の ご用で お出掛け ですか。

난노 고요-데 오데까께데스까

>> 시간은 어느 정도 걸려요?

時間は どのくらい かかりますか。

지깡와 도노꾸라이 가까리마스까

>> 언제쯤 완성될까요?

いつごろ 出来上がりますか。

이쓰고로 데끼아가리마스까

>> 어느 것으로 할래요?

どれに しますか。

도레니 시마스까

>> 어느 것이 맞나요?

どれが 正しいのですか。

도레가 다다시-노데스까

>> 이것과 이것의 차이는 뭔가요?

これと これの 違いは 何ですか。

고레또 고레노 치가이와 난데스까

>> 차는 어떻게 드시겠어요?

お茶は どのように なさいますか。

오쨔와 도노요-니 나사이마스까

>> 언제 이사 오셨어요?

いつ 引越して 来たのですか。

이쯔 힉꼬시떼 기따노데스까

>> 서울에는 얼마나 머무실 거예요?

ソウルには どのくらい 滞在されますか。

소우루니와 도노꾸라이 타이자이사레마스까

>> 여기서의 생활은 어떠세요?

ここでの 生活は どうですか。

고꼬데노 세-까쯔와 도-데스까

○ 글쎄, 그렇게 말할 수도 있겠네요.
まあ、そうも 言(い)えるでしょうね。

>> 어, 그러세요?

えっ、 そうですか。
엣 소–데스까

>> 역시나.

やっぱりね。
얍빠리네

>> 글쎄, 그렇게 말할 수도 있겠네요.

まあ、 そうも 言えるでしょうね。
마– 소–모 이에루데쇼–네

>> 알고 있었어요.

知ってましたよ。
싯떼마시다요

>> 별로 상관없어요.

別に かまわないね。
베쯔니 가마와나이네

>> 그러세요, 몰랐어요.

そうですか、知りませんでした。
소–데스까, 시리마센데시따

>> 그렇게 생각하세요?
そう 思いますか。
소- 오모이마스까

>> 네, 정말이에요.
はい、本当です。
하이 혼또-데스

>> 도무지 모르겠어요.
さっぱり 分かりません。
삽빠리 와까리마셍

>> 들은 적도 없어요.
聞いた ことも ありません。
기이따 고또모 아리마셍

>> 정말로 모르겠어요.
本当に 知らないんです。
혼또-니 시라나인데스

>> 그건 금시초문이에요.
それは 初耳ですね。
소레와 하쯔미미데스네

>> 그럴 기분이 아니에요.
そんな 気分じゃないです。
손나 기분쟈 나이데스

● 당신과는 말이 통하는군요.

あなたとは 話(はなし)が 通(つう)じます。

>> 당신 생각도 저와 같으세요?

あなたの 考えも 私と 同じですか。

아나따노 강가에모 와따시또 오나지데스까

>> 괜찮다고 생각해요.

大丈夫だと 思います。

다이죠-부다또 오모이마스

>> 저로서는 이의가 없어요.

私は 異議なしです。

와따시와 이기나시데스

>> 그러세요, 저도 그래요.

そうですか、私もです。

소-데스까, 와따시모데스

>> 그 점에 대해서 동감해요.

その 点について 同感です。

소노 텐니쯔이떼 도-칸데스

>> 저는 전적으로 당신에게 동의합니다.

私は 全く あなたに 同意します。

와따시와 맛따꾸 아나따니 도-이시마스

138

>> 당신과는 말이 통하는군요.

あなたとは 話が 通じます。

아나따또와 하나시가 츠-지마스

>> 그렇게 말씀하신다고 전해드리겠어요.

そう おっしゃったと つたえておきます。

소- 옷샷따또 쯔따에떼오끼마스

>> 저는 그렇게 생각하지 않아요.

私は そう思いません。

와따시와 소-오모이마셍

>> 그 이야기는 가능하면 지금 하고 싶지 않아요.

その ことは できたら 今話したくないんです。

소노 고또와 데끼따라 이마 하나시따꾸 나인데스

>> 정하기 전에 다시 한번 생각해보세요.

決める 前に もう一度 よく 考えてみてください。

기메루 마에니 모- 이찌도 요꾸 강가에떼 미떼 구다사이

>> 이야기가 통하지 않는군요.

話が 通じないね。

하나시가 츠-지나이네

>> 미안합니다. 그렇게 할 수 있으면 좋겠지만….

すみません。そう できれば いいんだけど…。

스미마셍. 소- 데끼레바 이인다께도…

○ 이건 어떻습니까?

これは いかがですか。

≫ 제안이 있어요.

提案が あるんですが。

데-앙가 아룬데스가

≫ 이건 어때요?

これは どうですか。

고레와 도-데스까

≫ 이건 어떻습니까?

これは いかがですか。

고레와 이까가데스까

≫ 좀 생각해 봐요.

ちょっと 考えてみてください。

촛또 강가에떼 미떼 구다사이

≫ 함께 안 할래요?

一緒に やらないですか。

잇쇼니 야라나이데스까

≫ 말씀하신 대로 할게요.

おっしゃる とおりに します。

옷샤루 도-리니 시마스

>> 뜻밖이군요. 너무 고마워요.

思いがけない ことです。 どうも ありがとう。

오모이가께나이 고또데스. 도-모 아리가또-

>> 저에게 맡겨주세요.

私に 任せてください。

와따시니 마까세떼 구다사이

>> 네가 바라는 대로 할게.

君の 望みどおりに するよ。

기미노 노조미 도-리니 스루요

>> 안 될 거예요.

だめだと 思うよ。

다메다또 오모우요

>> 잘 모르겠어요.

よく 分からないのです。

요꾸 와까라나이노데스

>> 가능하면 하고 싶지 않아요.

できれば やりたくないのですが。

데끼레바 야리따꾸 나이노데스가

>> 생각할 시간을 주세요. 검토해 볼게요

考える 時間を ください。 検討してみます。

강가에루 지깡오 구다사이. 겐또-시떼 미마스

➡ 무엇을 도와드릴까요?
何(なに)を 手伝(てつだ)いましょうか。

≫ 도와드릴까요?
<ruby>手伝<rt>てつだ</rt></ruby>いましょうか。
데쯔다이마쇼—까

≫ 도움이 필요하신가요?
お<ruby>手伝<rt>てつだ</rt></ruby>いしましょうか。
오데쯔다이 시마쇼우까

≫ 무엇을 도와드릴까요?
<ruby>何<rt>なに</rt></ruby>を <ruby>手伝<rt>てつだ</rt></ruby>いましょうか。
나니오 데쯔다이마쇼—까

≫ 제가 무엇을 해 드리면 좋을까요?
<ruby>私<rt>わたし</rt></ruby>は <ruby>何<rt>なに</rt></ruby>をすれば よろしいですか。
와따시와 나니오 스레바 요로시이데스까

≫ 고맙지만 괜찮아요.
いいえ <ruby>結構<rt>けっこう</rt></ruby>です。
이—에 켁꼬—데스

≫ 저 혼자서 할 수 있어요.
<ruby>私<rt>わたし</rt></ruby> <ruby>一人<rt>ひとり</rt></ruby>でできます。
와따시 히토리데 데끼마스

>> 도움이 필요해요.
あなたの 助けが 必要です。
아나따노 다스케가 히쯔요-데스

>> 도움을 주실 수 있으신가요?
手伝って いただけますか。
데쯔닷떼 이따다께마스까

>> 짐을 드는 것을 좀 도와주시겠어요?
荷物を ちょっと 手伝って いただけますか。
니모쯔오 촛또 데쯔닷떼 이따다께마스까

>> 기꺼이 도울게요.
喜んで 助けるよ。
요로꼰데 다스께루요

>> 제가 일을 도와드리겠어요.
私がお仕事を お手伝います。
와따시가 오시고토오 오데쯔다이마스

>> 도움이 필요하시면 언제든지 말씀하세요.
助けが 必要でしたら いつでも どうぞ。
타스께가 히쯔요-데시따라 이쯔데모 도-조

>> 당신 덕분에 도움이 되었어요.
あなたの おかげで 助かりました。
아나따노 오까게데 다스까리마시따

● 다른 이야기를 하죠.

他(ほか)の話(はなし)をしましょう。

>> 본론으로 돌아가죠.

本題に もどりましょう。

혼다이니 모도리마쇼-

>> 각설하고 본론으로 들어가죠.

さて、本題に 入りましょう。

사떼, 혼다이니 하이리마쇼-

>> 다른 이야기를 하죠.

他の話を しましょう。

호카노 하나시오 시마쇼-

>> 화제를 바꿉시다.

話題を 変えよう。

와다이오 가에요-

>> 그 이야기는 이미 들었어요.

その話は もう 聞いたよ。

소노 하나시와 모- 기이따요

>> 당신이 이야기했던 것은요?

あなたが 言っていた ことは。

아나따가 잇떼이따 고또와

>> 그건 그렇고, 어떻게 하고 있어요?

それはそうと、どうしているの。

소레와 소-또 도-시떼 이루노

>> 그건 그렇고, 다음 문제로 넘어가죠.

さて、それでは次の問題に移りましょう。

사떼, 소레데와 쓰기노 몬다이니 우쯔리마쇼-

>> 그건 그렇고, 좀 쉴까요?

ところで、少し休みましょうか。

도꼬로데, 스꼬시 야스미마쇼-까

>> 화제가 바뀌기 전에 말하면…

話題が 変わらない うちに言いますと…。

와다이가 가와라나이 우찌니 이이마스또….

>> 요점만 말씀해 주세요.

要点だけ 話してください。

요-뗀다께 하나시떼 구다사이

>> 더 하실 말씀 있으신가요?

もっと おっしゃることが ありますか。

못또 옷샤루 코토가 아리마스까

>> 그 이야기는 나중에 해요.

そのことは あとで 話そう。

소노 고또와 아또데 하나소-

145

❍ 그것은 당신의 오해입니다.
それは あなたの誤解(ごかい)です。

>> 오해하지 마세요.
誤解しないでください。
고카이시나이데 구다사이

>> 지레짐작하지 마세요.
早とちりしないで。
하야또치리 시나이데

>> 저도 모르겠습니다.
私にも わかりません。
와따시니모 와까리마셍

>> 저도 어쩔 수가 없었어요.
私も しょうが なかったんです。
와따시모 쇼-가 나깟딴데스

>> 제 이야기를 취소할게요.
私の話は 取消します。
와따시노 하나시와 토리케시마스

>> 변명은 필요 없어요.
言い訳は いらない。
이이와케와 이라나이

>> 아무 변명도 하지 마세요.

言い訳しないで ください。

이이와케시나이데 구다사이

>> 그것은 당신의 오해입니다.

それは あなたの 誤解です。

소레와 아나따노 고까이데스

>> 저는 할 말 다했어요.

話したい ことは 全部話しました。

하나시타이 고또와 젬부 하나시마시따

>> 진심으로 말하고 있는 거예요?

本気で 言っているのかな。

홍끼데 잇떼 이루노까나

>> 이 이야기는 그만 합시다.

この話は やめよう。

고노 하나시와 야메요-

>> 제 이야기를 끝까지 들어보세요.

私の話を 最後まで 聞いてください。

와따시노 하나시오 사이고마데 키이떼 구다사이

>> 그렇게 큰소리로 말하지 말아요.

そんなに 大声で 言わないでください。

손나니 오-고에데 이와나이데 구다사이

/ 주의를 주거나 충고할 때 /

➡️ 잘 생각하고 행동하세요.
よく 考(かんが)えて 行動(こうどう)しなさい。

>> 충고 좀 할까요?
ちょっと 忠告しても いいですか。
촛또 츄-코꾸시떼모 이-데스까

>> 그런 말을 하면 안 됩니다.
そんなこと 言っちゃ だめだよ。
손나 고또 잇쨔 다메다요

>> 제멋대로 말하지 마세요.
自分勝手な ことを 言うなよ。
지붕 갓떼나 고또오 이우나요

>> 잘 생각하고 행동하세요.
よく 考えて 行動しなさい。
요꾸 강가에떼 고-도- 시나사이

>> 버릇없는 행동을 그만두세요.
行儀の 悪い ことを やめなさい。
교-기노 와루이 고또오 야메나사이

>> 장소를 가려서 하세요.
場所柄を わきまえなさい。
바쇼가라오 와끼마에 나사이

>> 중도에 포기하지 마.
中途半端で やめるな。
츄-또함빠데 야메루나

>> 겉모양으로 판단해서는 안 됩니다.
外見で 判断してはならない。
가이껜데 한단시떼와 나라나이

>> 좀더 노력해야 해요.
もう少し 努力を するべきだ。
모- 스꼬시 도료꾸오 스루 베끼다

>> 너, 어떻게 된 거 아니야?
君、 どうか しているよ。
기미 도-까 시떼이루요

>> 스스로 부끄럽지 않나요?
自分で 恥ずかしくないのか。
지분데 하즈까시꾸 나이노까

>> 그것을 하는 것은 너의 의무야.
それを するのが 君の 義務だ。
소레오 스루노가 기미노 기무다

>> 충고를 따르는 것이 좋겠어요.
忠告に 従うのがいいと 思います。
츄-코꾸니 시따가우노가 이이또 오모이마스

○ 부탁 좀 들어주시겠어요?
ちょっと お願(ねが)いできますか。

〉〉 부탁이 있는데요.
お願いが あるんですが。
오네가이가 아룬데스가

〉〉 꼭 부탁드릴 게 있어요.
ぜひ、 お願いしたい ことが あるんです。
제히, 오네가이 시따이 고또가 아룬데스

〉〉 부탁해도 되나요?
お願いしても いい。
오네가이 시떼모 이–

〉〉 부탁 좀 들어주시겠어요?
ちょっと お願いできますか。
촛또 오네가이 데끼마스까

〉〉 제가 부탁 좀 해도 될까요?
私が ちょっと お願いしても いいですか。
와따시가 촛또 오네가이시떼모 이–데스까

〉〉 무슨 일이신가요?
何でしょうか。
난데쇼–까

>> 무슨 문제라도 있나요?
何か 問題でも。
나니까 몬다이데모

>> 좀 거들어 주지 않겠어요?
ちょっと 手伝って くれない。
촛또 데쯔닷떼 구레나이

>> 펜을 빌려주지 않겠어요?
ペンを 貸していただけませんか。
펭오 가시떼 이따다께마셍까

>> 주문을 취소하고 싶은데요.
注文を キャンセルしたいのですが。
츄-몽오 칸세루 시따이노데스가

>> 그런 거는 간단해요.
そんなの 簡単だよ。
손나노 간딴다요

>> 미안해요. 다른 용무가 있어서요.
すみません。ほかに 用事が あるので。
스미마셍. 호까니 요-지가 아루노데

>> 죄송하지만, 저는 도움이 못 되겠군요.
お気の毒ですが、私は 力に なれません。
오끼노 도꾸데스가, 와따시와 치까라니 나레마셍

⇨ 여기에 앉아도 되나요?
ここに 座(すわ)っても いいですか。

〉〉 실례합니다. 들어가도 되나요?

すみません。入^{はい}っても いいですか。

스미마셍. 하잇떼모 이-데스까

〉〉 여기에 앉아도 되나요?

ここに 座^{すわ}っても いいですか。

고꼬니 스왓떼모 이-데스까

〉〉 창문을 열어도 되나요?

窓^{まど}を 開^あけても いいですか。

마도오 아께떼모 이-데스까

〉〉 전화를 빌려도 될까요?

電話^{でんわ}を 借^かりても いいですか。

뎅와오 가리떼모 이-데스까

〉〉 여기서 담배를 피워도 되나요?

ここで タバコを 吸^すっても いいですか。

고꼬데 다바꼬오 슷떼모 이-데스까

〉〉 화장실을 써도 될까요?

トイレを 借^かりても いいですか。

토이레오 가리떼모 이-데스까

>> 방해해서 미안합니다.

お邪魔して すみません。

오쟈마시떼 스미마셍

>> 잠깐 실례해요. 지나가도 될까요?

ちょっと すみません。通り抜けても いいでしょうか。

촛또 스미마셍. 도-리누께떼모 이-데쇼-까

>> 잠깐 실례하겠어요. 곧 돌아올게요.

ちょっと 失礼します。すぐもどります。

촛또 시쯔레-시마스. 스구 모도리마스

>> 네, 좋아요. 하세요.

ええ、いいですよ。どうぞ。

에- 이-데스요. 도-조

>> 지금은 안 돼요. 나중에요.

今は だめ。あとでね。

이마와 다메. 아또데네

>> 여기서는 안 됩니다.

ここでは だめです。

고꼬데와 다메데스

>> 유감스럽지만 안 됩니다.

残念ながら だめです。

잔넨나가라 다메데스

◐ 무슨 뜻인지 아시겠어요?
どういう 意味(いみ)か 分(わ)かりますか。

>> 내 말 이해하겠어요?
私の話 分かりますか。
와따시노 하나시 와까리마스까

>> 이제 알겠어요?
これで 分かりますか。
고레데 와까리마스까

>> 무슨 뜻인지 아시겠어요?
どういう 意味か 分かりますか。
도-유- 이미까 와까리마스까

>> 지금까지 내가 한 말 이해하겠어요?
今まで 私が 話したことが 分かりますか。
이마마데 와따시가 하나시따 고또가 와까리마스까

>> 이해가 됩니다.
理解 できます。
리까이 데끼마스

>> 어렴풋이밖에 모르겠어요.
ぼんやりとしか 分かりません。
봉야리또시까 와까리마셍

>> 잘 모르겠습니다만.

よく わからないのですが。

요꾸 와까라나이노데스가

>> 모르겠어요..

分かりません。

와까리마셍

>> 이해가 안 됩니다.

理解 できません。

리까이 데끼마셍

>> 전혀 감이 안 잡혀요.

全く 思いつきません。

맛따꾸 오모이 츠끼마셍

>> 무슨 말을 하는지 모르겠어요.

何の 話か 分かりません。

난노 하나시까 와까리마셍

>> 여러 이야기를 했습니다만, 알아들으셨어요?

いろいろ 話しましたが、分かってもらえましたか。

이로이로 하나시마시다가 와깟떼 모라에마시다까

>> 더 확실히 말해줄래요?

もっと はっきり 話してくれますか。

못또 학끼리 하나시떼 구레마스까

Chapter 5
Circumstance Japanese

우리가 생활을 하다보면 이런 저런 상황에 부딪치게 되죠.
손님도 초대하고 아프면 병원에도 가고, 우체국에서 편지를 보내고
은행을 이용할 때도 있습니다. 이 장에서는 손님을 초대하고 접대할 때,
술 한 잔 즐길 때, 우체국, 은행, 병원, 약국, 세탁소, 미용실 이용할 때
등 상황별, 장소별로 바로바로 찾아서 즉석에서 활용할 수 있는
표현들을 담았습니다.

5_ 바로바로 골라 쓴다! 생생 상황 일본어

구르는 돌에는 이끼가 끼지 않는다.

転石苔(てんせきこけ)むさず。

[텐세키 고케 무사즈]

❂ 언제 놀러 오세요.

いつか 遊(あそ)びに 来(き)てください。

>> 우리 집에 오지 않겠어요?

私(わたし)の 家(いえ)に 来(き)ませんか。

와따시노 이에니 기마셍까

>> 근간 함께 식사라도 하시지요.

そのうち いっしょに 食事(しょくじ)でも いたしましょうね。

소노 우찌 잇쇼니 쇼꾸지데모 이따시마쇼-네

>> 언제 놀러 오세요.

いつか 遊(あそ)びに 来(き)てください。

이쯔까 아소비니 기떼 구다사이

>> 언제 함께 식사라도 합시다.

いつか、一緒(いっしょ)に 食事(しょくじ)でもしましょう。

이쓰까 잇쇼니 쇼꾸지데모 시마쇼-

>> 생일 파티에 오세요.

誕生日(たんじょうび)の パーティーに 来(き)てください。

탄죠-비노 파-띠-니 기떼 구다사이

>> 오늘밤에 저와 식사하는 건 어때요?

今晩(こんばん)、私(わたし)と 食事(しょくじ)は どうですか。

곰방 와따시또 쇼꾸지와 도-데스까

>> 우리 집에 식사하러 오지 않겠어요?

私の 家に 食事に 来ませんか。

와따시노 이에니 쇼꾸자니 기마셍까

>> 당신을 파티에 초대하고 싶어요.

あなたを パーティーに ご招待したいんです。

아나따오 파-티-니 고쇼-따이시따인데스

>> 파티는 몇 시에 있나요?

パーティーは 何時ですか。

파-티-와 난지데스까

>> 파티 장소는 어디인가요?

パーティーの 場所は どこですか。

파-티-노 바쇼와 도꼬데스까

>> 기꺼이 가겠어요.

喜んで うかがいます。

요로꼰데 우까가이마스

>> 초대해주셔서 감사해요.

ご招待して くださいまして ありがとうございます。

고쇼-타이시떼 구다사이마시떼 아리가또- 고자이마스

>> 유감스럽지만 갈 수 없어요.

残念ながら 行けません。

잔넨나가라 이께마셍

➡️ 오늘 매우 즐거웠어요.

今日(きょう)は とても 楽(たの)しかったです。

》 기무라씨 댁이 맞나요?

木村さんの お宅は こちらでしょうか。

기무라산노 오따꾸와 고찌라데쇼-까

》 제가 왔다고 전해주세요.

私が 来たと お伝えください。

와따시가 기따또 오쓰따에 구다사이

》 좀 일찍 왔나요?

ちょっと 来るのが 早すぎましたか。

촛또 구루노가 하야스기마시다까

》 늦어서 죄송해요.

遅くなって すみません。

오소꾸낫떼 스미마셍

》 (선물 등을 내밀면서) 이거 받으세요.

これを どうぞ。

고레오 도-조

》 밝고 멋진 집이네요.

明るい すてきな お住まいですね。

아까루이 스떼끼나 오스마이데스네

>> 고마워요. 편합니다.

どうも。もう くつろいでいます。
도-모. 모- 구츠로이데이마스 `

>> 너무 시간이 늦어서요, 슬슬 일어나겠어요

もう 時間が 遅いですから。そろそろ おいとまします。
모- 지깐가 오소이데스까라. 소로소로 오이또마시마스

>> 오늘 매우 즐거웠어요.

今日は とても 楽しかったです。
교-와 도떼모 다노시깟따데스

>> 무척 즐거웠어요. 정말로 고마워요.

とても 楽しかった。ほんとうに ありがとう。
도떼모 다노시깟따. 혼또-니 아리가또-

>> 정말로 이야기 즐거웠어요.

本当に 楽しく お話しできました。
혼또-니 다노시꾸 오하나시 데끼마시따

>> 저희 집에도 꼭 오세요.

私のうちにも ぜひ 来てください。
와따시노 우찌니모 제히 기떼 구다사이

>> 다시 찾아뵙겠어요.

改めて ご訪問いたします。
아라따메떼 고호-몽 이따시마스

● 잘 오셨어요.

ようこそ いらっしゃいました。

〉〉 잘 오셨어요.

ようこそ いらっしゃいました。

요-꼬소 이랏샤이마시따

〉〉 어서 오세요. 무척 기다리고 있었어요.

ようこそ。楽しみにお待ちしていました。

요-꼬소. 다노시미니 오마찌시떼 이마시따

〉〉 자, 들어오세요.

どうぞ お入りください。

도-조 오하이리 구다사이

〉〉 이런 건 안 가지고 오셔도 되는데요. 고마워요.

そんなこと なさらなくても 良かったのに。ありがとう。

손나 고또 나사라나꾸떼모 요깟따노니. 아리가또-

〉〉 이쪽으로 앉으세요.

こちらへ おかけください。

고찌라에 오까께 구다사이

〉〉 자, 편히 하세요.

どうぞ くつろいでください。

도-조 구쯔로이데 구다사이

>> 즐거운 시간 되세요.

どうぞ お樂に。
도-조 오라꾸니

>> 자, 마음껏 드세요.

どうぞ ご自由に 召し上がってください。
도-조 고지유-니 메시아갓떼 구다사이

>> 이거 맛있네요. 누가 요리하셨어요?

これは うまい。誰が 料理したんですか。
고레와 우마이. 다레가 료-리시딴데스까

>> 커피에 설탕과 크림을 넣으세요?

コーヒーに 砂糖と クリームを 入れますか。
코-히-니 사또-또 쿠리-무오 이레마스까

>> 멋진 저녁이었어요.

すばらしい 夕食でした。
스바라시- 유-쇼꾸데시따

>> 와주셔서 저야말로 즐거웠어요.

来ていただいて、こちらこそ 樂しかったです。
기떼 이따다이떼 고찌라꼬소 다노시깟따데스

>> 언제든지 또 오세요.

いつでも また 来てください。
이쯔데모 마따 기떼 구다사이

❂ 어디서 한 잔 하는 건 어때요?
どこかで 一杯(いっぱい) やるのは どう。

>> 오늘밤 한 잔 하러 가지 않을래요?
今晩、飲みに 行きませんか。
곰반, 노미니 이끼마셍까

>> 어디서 한 잔 하는 건 어때요?
どこかで 一杯 やるのは どう。
도꼬까데 입빠이 야루노와 도-

>> 한잔 하러 가요.
飲みに 行きましょう。
노미니 이끼마쇼-

>> 맥주 한 잔 받아요.
ビールを 一杯 どうぞ。
비-루오 입빠이 도-조

>> 소주는 어때요?
焼酎は どうですか。
쇼-쮸-와 도-데스까

>> 저는 위스키로 주세요.
私は ウイスキーを ください。
와따시와 위스키-오 구다사이

〉〉 한잔 합시다. 건배!
一杯 飲みましょう。乾杯。
입빠이 노미마쇼-. 감빠이

〉〉 한잔 더 하실래요?
もう一杯 飲みましょうか。
모- 입빠이 노미마쇼-까

〉〉 와인 한 잔 더 하실래요?
ワイン もう一杯 いかがですか。
와인 모-입빠이 이까가데스까

〉〉 어느 정도 술을 마시나요?
どのくらい 酒を 飲みますか。
도노쿠라이 사께오 노미마스까

〉〉 저는 술을 못하는 편이에요.
私は どちらかと言うと 下戸です。
와따시와 도찌라까또 유-또 게꼬데스

〉〉 저 사람은 술꾼이야.
あいつは 大酒飲みだ。
아이쯔와 오-자께노미다

〉〉 2차 가요!
2次会に 行きましょう。
니지카이니 이끼마쇼-

⟳ 편지를 한국으로 보내고 싶어요.

手紙(てがみ)を 韓国(かんこく)へ 出(だ)したいのですが。

〉〉 우체국은 어디에 있나요?
ゆうびんきょく
郵便局は どこに ありますか。
　유-빙꼬꾸와 도꼬니 아리마스까

〉〉 우편엽서 한 장 주세요.
ゆうびんはがき　いちまい
郵便葉書 一枚 ください。
　유-빙 하가끼 이찌마이 구다사이

〉〉 우표 10장 주세요.
きって　　　じゅうまい
切手を 10枚 ください。
　깃떼오 쥬-마이 구다사이

〉〉 소포용 상자가 있나요?
こづつみよう
小包用の はこが ありますか。
　코쯔쯔미요-노 하꼬가 아리마스까

〉〉 이 편지를 등기로 부쳐주세요.
てがみ　　　かきとめ
この 手紙を 書留で おくってください。
　고노 테가미오 가끼또메데 오쿳떼 구다사이

〉〉 속달로 부탁해요.
そくたつ　　ねが
速達で お願いします。
　소꾸따쯔데 오네가이시마스

>> 보통우편으로 보내주세요.

普通郵便にして 送ってください。

후츠-유-빈니 시테 오쿳떼 구다사이

>> 더 빠른 방법으로 보내고 싶은데요.

もっと 速い 方法で 送りたいんですが。

못또 하야이 호-호-데 오꾸리따인데스가

>> 항공우편으로 부탁해요.

航空便で お願いします。

고-꾸-빈데 오네가이시마스

>> 항공편으로 하면 얼마나 들어요?

航空便だと いくら かかりますか。

코-꾸-빈다또 이꾸라 가까리마스까

>> 편지를 한국으로 보내고 싶어요.

手紙を 韓国へ 出したいのですが。

테가미오 캉꼬꾸에 다시따이노데스가

>> 우표를 얼마나 붙여야 하나요?

いくらぐらいの 切手を 貼ればいいんですか。

이꾸라구라이노 킷떼오 하레바이-인데스까

>> 한국에 도착하는 데 며칠이나 걸리나요?

韓国に 着くまでは 何日かかりますか。

캉꼬꾸니 쯔꾸마데와 난니찌 카까리마스까

➡ 컴퓨터 사용할 줄 아세요?

パソコンは 使(つか)えますか。

>> 컴퓨터 사용할 줄 아세요?

パソコンは 使えますか。

파소콘와 츠카에마스까

>> 그걸 컴퓨터에 입력해 주세요.

それをパソコンに 入力してください。

소레오 파소콘니 뉴-료쿠시떼 구다사이

>> 이것을 이메일로 보내주실래요?

これをイーメールで 送ってくださいませんか。

고레오 이-메-루데 오쿳떼 구다사이마셍까

>> 인터넷에 어떻게 접속하나요?

インターネットは どう 接続しますか。

인타-넷토와 도- 세쯔조쿠시마스까

>> 디스크에 저장해두었나요?

ディスクにセーブして おきましたか。

디스쿠니 세-부시떼 오키마시따까

>> 파일명을 뭐하고 했어요?

ファイルの名前は何でしたっけ。

화이루노 나마에와 난데시닷께

>> 컴퓨터가 다운됐어요.

パソコンがダウンしちゃったんです。
파소콘가 다운시짜딴데스

>> 컴퓨터가 고장났어요.

パソコンが故障しました。
파소콘가 코-슈-시마시따

>> 시스템이 바이러스에 걸렸어요.

システムがウイルスにかかりました。
시스테무가 월스니 카카리마시따

>> 시스템 장애가 났어요.

システム障害です。
시스테무 쇼-가이데스

생생 Key-word

• 컴퓨터와 인터넷 관련 용어에 대해 알아보죠.

본체 本体(ほんたい) [혼타이]	마우스 マウス [마우스]
키보드 キーボード [키-보-도]	모니터 モニター [모니타-]
입력 入力(にゅうりょく) [뉴료꾸]	저장 保存(ほぞん) [호종]
삭제 削除(さくじょ) [사꾸죠-]	백업 バックアップ [빠꾸아프]
검색 検索(けんさく) [켄사꾸]	접속하다 接続(せつぞく) [세쯔죠꾸]
바이러스 ウイルス [월스]	메일 친구 メル友(とも) [메루토모]
전자메일 電子(でんし)メール [덴시메이루]	해커 ハッカー [학카-]
메일 보내다 メールを送(おく)る [메이루오 오꾸루]	

169

⭕ 1만 엔을 찾고 싶어요

1万円(いちまんえん)を 引(ひ)き出(だ)したいんですが。

>> 은행은 어디에 있나요?

銀行(ぎんこう)は どこに ありますか。

깅꼬-와 도꼬니 아리마스까

>> 지폐 좀 바꿔주시겠어요?

ちょっと この 札(さつ)を かえて くださいますか。

좃또 고노 사쯔오 카에떼 구다사이마스까

>> 수표를 현금으로 바꾸고 싶어요.

小切手(こぎって)を 現金(げんきん)に 替(か)えたいんです。

코깃떼오 겡킨니 카에따인데스

>> 1만 엔을 찾고 싶어요.

1万円(いちまんえん)を 引(ひ)き出(だ)したいんですが。

이치망엥오 히키다시따인데스가

>> 잔돈도 섞어서 주세요.

小銭(こぜに)も 混(ま)ぜて ください。

고제니모 마제떼 구다사이

>> 예금하고 싶은데요.

預金(よきん)したいのですが。

요낑 시따이노데스가

>> 구좌를 개설하고 싶은데요.
口座を 設けたいのですが。
코-자오 모-께따이노데스가

>> 보통예금 구좌로 해주세요.
普通預金口座にして ください。
후츠-요낑 코-자니 시떼 구다사이

>> 계좌를 해지하고 싶어요.
口座を取消ししたいんです。
코-자오 토리케시 시따인데스

>> 달러를 엔화로 바꾸고 싶어요.
ドルを 円に 替えて いただけますか。
도루오 엔니 가에떼 이따다께마스까

>> 이 여행자수표를 엔화로 바꿔주세요.
この トラベラーズチェックを 円に して ください。
고노 토라베라-즈첵꾸오 엔니 시떼 구다사이

>> 오늘의 환율은 얼마인가요?
今日の かわせレートは いくらですか。
쿄-노 카와세레-토와 이꾸라데스까

>> 현금자동인출기는 어디에 있나요?
現金自動支払機は どこに ありますか。
겡낀 지도-시하라이끼와 도꼬니 아리마스까

○ 어느 분이 이 업무를 담당하세요?
どの方(かた)がこれを 担当(たんとう)していますか。

>> 어떻게 오셨습니까?

どうしましたか。
도-시마시다까

>> 어느 분이 이 업무를 담당하세요?

どの方が これを 担当していますか。
도노 카타가 고레오 탄토-시떼 이마스까

>> 담당 부서를 가르쳐 주시겠어요?

担当の部署を教えていただけますか。
탄토-노 부쇼오 오시에떼 이따다께마스까

>> 우선 신청부터 하셔야 해요.

まず申し込んでください。
마즈 모-시콘데 구다사이

>> 신청서를 먼저 작성하세요.

申込書を まず 作成してください。
모-시코미쇼오 마즈 사쿠세- 시떼 구다사이

>> 서면으로 작성해야 합니다.

書面で作成しなければなりません。
쇼멘데 사쿠세- 시나케레바 나리마셍

>> 작성해야 할 서류가 무엇인가요?
作成するべき書類は 何ですか。
　　사쿠세- 수루베키 쇼루이와 난데스까

>> 이 서류에 기입해 주세요.
この書類に 記入してください。
　　고노 쇼루이니 기뉴-시떼 구다사이

>> 얼마나 걸릴 것 같은가요?
何日くらい かかりそうですか。
　　난니치 쿠라이 가까리 소-데스까

>> 번호를 받고, 부를 때까지 기다리세요.
番号をもらって、お呼び出しするまで お待ちください。
　　방고-오 모랏떼 오요비다시스루마데 오마치 구다사이

>> 어디에 서명하나요?
どこに 署名しますか。
　　도꼬니 쇼메-시마스까

>> 수수료는 얼마인가요?
手数料は いくらですか。
　　테스-료-와 이꾸라데스까

>> 늦으면 벌금이 있나요?
遅れたら 罰金がありますか。
　　오꾸레타라 박낑가 아리마스까

⭕ 며칠 정도면 다 낫겠어요?

何日(なんにち) ぐらい 経(た)つと 全快(ぜんかい) しますか。

≫ 진찰 받으러 왔어요.

診察(しんさつ)して いただきたいんですが。

신사쯔시떼 이따다기따인데스가

≫ 접수는 어디에서 하나요?

受付(うけつけ)は どちらでしょうか。

우께쯔께와 도찌라데쇼-까

≫ 병원은 몇 시부터 몇 시까지인가요?

病院(びょういん)は 何時(なんじ)から 何時(なんじ)まで ですか。

보-잉와 난지까라 난지마데데스까

≫ 몇 시에 선생님에게 진찰받을 수 있나요?

何時(なんじ)に 先生(せんせい)に 診(み)ていただけますか。

난지니 센세-니 미떼 이따다께마스까

≫ 진찰실은 어디인가요?

診察室(しんさつしつ)は どこですか。

신사쯔시쯔와 도꼬데스까

≫ 언제부터 아프기 시작하셨나요?

いつから 痛(いた)み 始(はじ)めましたか。

이쯔까라 이따미 하지메마시따까

>> 검사결과를 알려주시겠어요?
検査の結果を 教えていただけますか。
겐사노 겟까오 오시에떼 이따다께마스까

>> 저는 어디가 안 좋은가요?
私は どこが 悪いのでしょうか。
와따시와 도꼬가 와루이노데쇼-까

>> 치료는 어떻게 하면 되나요?
治療は どうしたら いいですか。
치료-와 도-시따라 이-데스까

>> 며칠 정도면 다 낫겠어요?
何日ぐらい 経つと 全快しますか。
난니찌구라이 타쯔또 젱까이시마스까

>> 내일 또 와야 하나요?
明日、また 来なければなりませんか。
아시따 마따 고나께레바 나리마셍까

>> 여행을 계속해도 되나요?
旅行を 続けても よろしい ですか。
료꼬-오 쯔즈께떼모 요로시이 데스까

>> 진찰해 주서서 감사합니다.
ご診察 ありがとうございます。
고신사쯔 아리가또- 고자이마스

175

⊙ 머리가 지끈지끈 아파요.
頭(あたま)が がんがん 痛(いた)みます。

>> 여기가 아파요.
ここが 痛いのです。
고꼬가 이따이노데스

>> 머리가 지끈지끈 아파요.
頭が がんがん 痛みます。
아따마가 강강 이따미마스

>> 배탈이 났어요.
お腹を 壊しました。
오나까오 코와시마시따

>> 아랫배가 살살 아파요.
下腹が しくしく 痛みます。
시따하라가 시꾸시꾸 이따미마스

>> 설사가 심해요.
げりが ひどいのです。
게리가 히도이노데스

>> 감기에 걸렸어요.
風邪を ひいてしまいました。
카제오 히이떼시마이마시따

>> 계속 콧물이 나요.
ずっと 鼻水が 出るんです。
줏또 하나미즈가 데룬데스

>> 운동하다 다쳤어요.
運動していて 怪我したんです。
운도-시떼이떼 케가시딴데스

>> 스키를 타다가 발을 삐었어요.
スキーをしていて 足を くじきました。
스카-오 시떼이떼 아시오 구지끼마시따

>> 미끄러져 넘어졌어요.
滑って 倒れたんです。
스벳떼 타오레탄데스

>> 부딪친 곳이 아직 아파요.
打った所が まだ 痛いんです。
웃따 도꼬로가 마다 이따인데스

>> 3일 전부터 아팠어요.
3日前から 痛くなりました。
믹까 마에까라 이따꾸나리마시따

>> 혈압이 오른 것 같은데요.
血圧が 上がっていると 思いますが。
게쯔아쯔가 아갓떼이루또 오모이마스가

177

➡ 진통제 주세요.

鎮痛剤(ちんつうざい)を ください。

>> 처방전을 가지고 약국에 가세요.

しょほうせん も やっきょく い
処方箋を 持って 薬局に 行って ください。

쇼호우셍오 못떼 약꾜꾸니 잇떼 구다사이

>> 약국은 어디에 있나요?

やっきょく
薬局は どこに ありますか。

약꾜꾸와 도꼬니 아리마스까

>> 여기서 조제해 주나요?

ちょうざい
こちらで 調剤して もらえますか。

고찌라데 쵸-자이시떼 모라에마스까

>> 이 처방전대로 약을 지어주세요.

しょほうせん くすり
この 処方箋で 薬を ください。

고노 쇼호-셍데 구스리오 구다사이

>> 약은 몇 번 먹나요?

くすり なんかい
薬は 何回のみますか。

구스리와 낭까이노미마스까

>> 한 번에 몇 알 먹으면 되나요?

いっかい なんじょう の
一回に 何錠 飲めば いいですか。

익까이니 난죠- 노메바 이-데스까

〉〉 감기약 주세요.
風邪 薬を ください。
かぜ ぐすり

가제 구스리오 구다사이

〉〉 진통제 주세요.
鎮痛剤を ください。
ちんつうざい

찐쯔—자이오 구다사이

〉〉 이 약으로 통증이 가라앉을까요?
この薬で 痛みが とれますか。
くすり いた

고노 구스리데 이따미가 도레마스까

〉〉 변비에는 무엇이 좋을까요?
便秘には 何が いいでしょうか。
べんぴ なに

벰삐니와 나니가 이—데쇼—까

〉〉 거즈와 반창고를 주세요.
ガーゼと 絆創膏を ください。
ばんそうこう

가—제또 반소—꼬—오 구다사이

〉〉 소형 구급상자를 주세요.
小型の救急箱を ください。
こがた きゅうきゅうばこ

고가따노 규—뀨—바꼬오 구다사이

〉〉 붕대와 탈지면을 주세요.
包帯と 脱脂綿を ください。
ほうたい だっしめん

호—따이또 닷시멩오 구다사이

➲ 이 얼룩 좀 빼주세요.
このシミを取(と)ってください。

≫ 코트를 드라이클리닝하고 싶어요.

コートを ドライクリーニングしたいんです。

코-토오 도라이쿠리-닝구시따인데스

≫ 이 얼룩 좀 빼주세요.

このシミを 取ってください。

고노 시미오 톳떼 구다사이

≫ 언제 찾아갈 수 있나요?

いつ取りに 来ればいいですか。

이쯔 토리니 쿠레바 이-데스까

≫ 가능한 한 빨리 찾고 싶어요.

できるだけ 早くしてください。

데키루다케 하야꾸시떼 구다사이

≫ 금요일까지 끝내 놓을게요.

金曜日まで 終わらせます。

킹요-비마데 오와라세마스

≫ 양복 찾으러 왔어요.

洋服取りにきました。

요-후꾸 토리니 끼마시따

>> 제 세탁물 다 됐어요?

私の 洗濯物は できましたか。

와따시노 센타쿠모노와 데키마시따까

>> 그 얼룩은 지워지지 않아요.

そのシミは とれないんです。

소노 시미와 토레나인데스

>> 수선도 가능한가요?

お直しも してくれるんですか。

오나오시모 시떼 구레룬데스까

>> 이 바지를 수선해주세요.

このズボンを お直し してください。

고노 즈봉오 오나오시 시떼 구다사이

>> 바지 좀 줄여주세요.

ズボンを ちょっと 小さくしてください。

즈봉오 촛또 치이사꾸시떼 구다사이

>> 언제 되는데요?

いつ 仕上がりますか。

이쯔 시아가리마스까

>> 더 빨리 할 수 없을까요?

もっと 早くできませんか。

못또 하야꾸 데끼마셍까

77 / 미용실에서 /

○ 파마를 해주세요.

パーマを かけてください。

>> 어떻게 잘라 드릴까요?

どのように 切^きりますか。

도노요-니 키리마스까

>> 너무 짧게 하지는 마세요.

短^{みじか}すぎないように してください。

미지카스기나이요-니 시떼 구다사이

>> 다듬기만 해주세요.

整^{ととの}えるだけで いいです。

토토노에루 다케데 이-데스

>> 짧게 자르고 싶어요.

短^{みじか}く 切^きりたいです。

미지가꾸 키리타이데스

>> 머리를 드라이해 주세요.

髪^{かみ}に ドライヤーを かけてください。

카미니 도라이야-오 가께떼 구다사이

>> 헤어스타일을 바꾸고 싶어요.

ヘアスタイルを 変^かえたいんです。

헤아스타이루오 카에따인데스

182

>> 어떤 스타일을 좋아하세요?

どんな スタイルが 好きですか。

돈나 스타이루가 스끼데스까

>> 자연스럽게 해주세요.

ナチュラルに してください。

나쥬라루니 시떼 구다사이

>> 파마를 해주세요.

パーマを かけてください。

파-마오 가께떼 구다사이

>> 어떤 파마를 원하세요?

どんなパーマが かけたいんですか。

돈나 파-마가 가께따인데스까

>> 가르마는 어느 쪽으로 해드릴까요?

分け目は どちらに いたしましょうか。

와께메와 도치라니 이따시마쇼-까

>> 머리를 염색하고 싶어요.

髪を 染めたいです。

카미오 소메 따이데스

>> 갈색으로 염색해 주세요.

茶色に 染めてください。

챠이로니 소메떼 구다사이

◑ 지금 집을 볼 수 있나요?
今家(いまいえ)を 見(み)れますか。

>> 임대할 집을 찾고 있어요.
借りる家を 探しています。
가리루 우치오 사가시떼 이마스

>> 학교에서 가까운 곳을 원해요.
学校から 近い ところを 望んでいます。
각꼬―까라 치까이 도꼬로오 노존데 이마스

>> 이 아파트는 방이 몇 개인가요?
このアパートは 部屋が いくつですか。
고노 아파―또와 헤야가 이꾸쯔데스까

>> 이 지역의 집값은 어떻게 되나요?
この地域の 家賃は どのくらいですか。
고노 치이키노 야칭와 도노구라이데스까

>> 월세는 얼마인가요?
月の家賃は いくらですか。
츠키노 야칭와 이꾸라데스까

>> 임대료는 얼마인가요?
賃貸料は いくらですか。
친타이료―와 이꾸라데스까

>> 월세는 어떻게 내나요?
家賃の 払い方は 何ですか。
야칭노 하라이 가따와 난데스까

>> 계약 기간은 얼마인가요?
契約期間は どのくらいですか。
케-야쿠끼깡와 도노구라이데스까

>> 교통은 어때요?
交通は どうですか。
고-쯔-와 도-데스까

>> 시설은 어때요?
施設は どうですか。
시세쯔와 도-데스까

>> 언제 이사올 수 있어요?
いつ 引っ越し できますか。
이쯔 힛꼬시데끼마스까

>> 지금 집을 볼 수 있나요?
今家を 見れますか。
이마 이에오 미레마스까

>> 이 아파트를 임대하겠어요.
このアパートを 借ります。
고노 아파-토오 가리마스

Chapter 6
Overseas Travel Japanese

해외여행을 하고 돌아온 사람들을 만나면 여행지에서 말이
잘 안 통해서 손짓발짓 다 섞어가며 보디랭귀지를 하느라 진땀을
흘렸다는 에피소드를 쉽게 들을 수 있습니다.
하지만 아무리 손짓발짓 다한다 해도 통하지 않는 상황이 있게
마련입니다. 이 장에서는 일본 여행을 시작하면서 공항에서 출입국수속을
할 때, 호텔이나 관광지에서 부딪치는 문제 등 일본 여행에 필요한
다양한 상황별 표현들을 담았습니다.

6_ 한 번에 통하는 GO! 해외여행 일본어

비 온 뒤에 땅이 더 굳어진다.

雨降(あめふ)って 地固(じかた)まる。

[아메훗테 지카타마루]

⭘ 탑승수속은 어디서 하나요?

搭乗手続(とうじょうてつづ)きは どこで するのですか。

〉〉 항공권 예약을 확인하고 싶은데요.

航空券の 予約を 確認したいのですが。

고우꾸켄노 요야꾸오 가꾸닌시따이노데스가

〉〉 예약이 확인되었습니다.

予約 確認 できました。

요야꾸 가꾸닌 데끼마시따

〉〉 탑승수속은 어디서 하나요?

搭乗手続きは どこで するのですか。

도-죠-테쯔즈끼와 도꼬데 스루노데스까

〉〉 일본 항공 카운터는 어디인가요?

日本航空のカウンターは どこですか。

니홍코-꾸-노 카운따-와 도꼬데스까

〉〉 통로 쪽 좌석으로 부탁해요.

通路側の席を お願いします。

츠-로가와노 세끼오 오네가이시마스

〉〉 창 쪽 좌석으로 부탁해요.

窓側の席を お願いします。

마도가와노 세끼오 오네가이시마스

>> 짐은 이게 다입니까?
お荷物は これだけですか。
오니모쯔와 고레다께데스까.

>> 맡기실 짐은 있으십니까?
お預けになる 荷物は ありますか。
오아즈께니나루 니모쯔와 아리마스까

>> 탑승 게이트는 몇 번인가요?
搭乗ゲートは 何番ですか。
도-죠 게-또와 남반데스까

>> 3번 게이트는 어느 쪽인가요?
3番ゲートは どちらでしょうか。
삼반게-또와 도찌라데쇼-까

>> 탑승권을 보여주세요.
搭乗券を 見せてください。
도-죠껭오 미세떼 구다사이

>> 탑승 시간은 언제인가요?
搭乗時間は いつですか。
도-죠지깡와 이쯔데스까

>> 왜 출발이 늦는 거예요?
なぜ 出発が 遅れているのですか。
나제 슛빠쯔가 오꾸레떼 이루노데스까

189

➡ 비행기 멀미약 있나요?

飛行機酔(ひこうきよ)いの 薬(くすり)は ありますか。

〉〉 이 번호의 좌석은 어디에 있나요?

この 座席番号は どのへんですか。

고노 자세끼방고와 도노헨데스까

〉〉 의자는 어떻게 젖히나요?

椅子は どうやって 倒しますか。

이스와 도우얏떼 타오시마스까

〉〉 베개와 모포를 주세요.

枕と 毛布を ください。

마꾸라또 모-후오 구다사이

〉〉 한국신문 한 부 주세요.

韓国の 新聞を 一部 ください。

캉꼬꾸노 심붕오 이찌부 구다사이

〉〉 에어컨을 끄고 싶어요.

エアコンを 止めたいのですが。

에아꼰오 도메따이노데스가

〉〉 헤드폰 상태가 안 좋아요.

ヘッドホンの 調子が 悪いです。

헷도혼노 쵸-시가 와루이데스

>> 식사는 필요 없어요.
食事は 要りません。
쇼꾸지와 아리마셍

>> 어떤 음료가 있나요?
どんな 飲み物が ありますか。
돈나 노미모노가 아리마스까

>> 비행기 멀미약 있나요?
飛行機酔いの 薬は ありますか。
히꼬-끼요이노 구스리와 아리마스까

>> 머리가 아픈데 약이 있나요?
頭が 痛いんですが、薬は ありますか。
아따마가 이따인데스가 구스리와 아리마스까

>> 비행은 예정대로 하나요?
フライトは 時間どおりですか。
후라이또와 지깐 도-리데스까

>> 기내에서 면세품을 판매하나요?
免税品を 機内販売していますか。
멘제-힝오 기나이 함바이 시떼 이마스까

>> 이것은 입국카드인가요?
これは 入国カードですか。
고레와 뉴-꼬꾸 카-도데스까

○ 여권을 보여 주십시오.

パスポートを 見(み)せてください。

>> 여권을 보여 주십시오.

パスポートを 見せてください。

파스뽀−또오 미세떼 구다사이

>> 입국 목적은 무엇인가요?

入国の 目的は 何ですか。

뉴−꼬꾸노 목떼끼와 난데스까

>> 관광으로 왔어요.

観光に きました。

캉꼬우니 기마시따

>> 친구를 만나러 왔어요.

友達に 会いに きました。

토모다찌니 아이니 기마시따

>> 한국의 서울에서 왔어요.

韓国の ソウルから 来ました。

캉꼬꾸노 소우루까라 기마시따

>> 일본은 처음이신가요?

日本は 初めてですか。

니홍와 하지메떼데스까

>> 네, 처음입니다.

はい, 初めてです。

하이 하지메떼데스

>> 일본에 며칠 간 계실 건가요?

日本に 何日間 滞在する 予定ですか。

니혼니 난니찌깐 타이자이스루 요떼-데스까

>> 1주일 예정입니다.

1週間の 予定です。

잇슈-깐노 요떼-데스

>> 어디에서 숙박하실 예정인가요?

どこに お泊まりの 予定ですか。

도꼬니 오또마리노 요떼이데스까

>> 도쿄 신주쿠 호텔이에요.

東京の 新宿 ホテルです。

도꾜노 신주쿠 호테루데스

>> 돌아갈 항공권을 갖고 계시나요?

お帰りの チケットは お持ちですか。

오카에리노 치켓또와 오모찌데스까

>> 신고할 게 있으세요?

申告する ものは ありますか。

싱꼬꾸스루 모노와 아리마스까

◎ 제 짐이 안 나왔어요.
私(わたし)の 手荷物(てにもつ)が 出(で)てきませんでした。

>> 짐은 어디서 찾나요?
手荷物は どこで 受け取りますか。
테니모쯔와 도꼬데 우께도리마스까

>> 714편 짐은 나왔나요?
７１４便の 手荷物は もう 出てきましたか。
나나햐꾸 쥬-욘빈노 테니모쯔와 모- 데떼 끼마시다까

>> 수하물 찾는 곳은 저쪽입니다.
お手荷物の 引取り さきは あそこです。
오테니모쯔노 히끼토리 사끼와 아소꼬데스

>> 제 짐은 세 개에요.
私の 手荷物は 3個です。
와따시노 테니모쯔와 상꼬데스

>> 카트는 어디에 있나요?
カートは どこに ありますか。
카-또와 도꼬니 아리마스까

>> 짐을 호텔로 보내 주세요.
手荷物を ホテルに 届けてください。
테니모쯔오 호떼루니 토도께떼 구다사이

>> 이 짐을 맡아주실 수 있나요?

この 手荷物を 預かって もらえますか。

고노 테니모쯔오 아즈깟떼 모라에마스까

>> 제 짐이 안 나왔어요.

私の 手荷物が 出てきませんでした。

와따시노 테니모쯔가 데떼끼마센데시따

>> 짐을 잃어버렸어요.

手荷物を なくしてしまいました。

테니모쯔오 나꾸시떼시마이마시따

>> 이게 수화물인환증이에요.

これが 手荷物引換証です。

고레가 데니모쯔 히끼까에쇼-데스

>> 어느 정도의 크기인가요?

どのぐらいの 大きさですか。

도노구라이노 오-끼사데스까

>> 무엇이 들어있나요?

何が 入っていましたか。

나니가 하잇떼 이마시다까

>> 찾으면 연락하겠습니다.

見つかったら 連絡します。

미쯔깟따라 렌라꾸시마스

○ 체크아웃은 몇 시인가요?
チェックアウト タイムは 何時(なんじ)ですか。

》》 예약은 하셨나요?
予約(よやく)は されていますか。
요야꾸와 사레떼 이마스까

》》 예약은 한국에서 했어요.
予約(よやく)は 韓国(かんこく)で 済(す)ませました。
요야꾸와 캉꼬꾸데 스마세마시따

》》 예약을 하고 싶은데요.
予約(よやく)を したいのですが。
요야꾸오 시따이노데스가

》》 전망이 좋은 방으로 부탁해요.
眺(なが)めのいい 部屋(へや)を お願(ねが)いします。
나가메노 이– 헤야오 오네가이 시마스

》》 방을 보여 주세요.
部屋(へや)を 見(み)せてください。
헤야오 미세떼 구다사이

》》 이 방으로 할게요.
この 部屋(へや)に します。
고노 헤야니 시마스

196

>> 숙박카드에 기입해 주세요.

宿泊カードに ご記入ください。

슈꾸하꾸 카-도니 고끼뉴- 구다사이

>> 체크아웃은 몇 시인가요?

チェックアウト タイムは 何時ですか。

첵꾸아우또 타이무와 난지데스까

>> 하룻밤 더 묵고 싶은데요.

もう 一泊 したいのですが。

모- 입빠꾸 시따이노데스가

>> 계산을 부탁해요.

会計を お願いします。

카이께-오 오네가이시마스

>> 방에 물건을 두고 나왔어요.

部屋に 忘れ物を しました。

헤야니 와스레모노오 시마시따

>> 감사해요. 즐겁게 보냈어요.

ありがとう。快適な 滞在でした。

아리가또-. 카이떼끼나 타이자이데시따

>> 출발할 때까지 짐을 맡아 주시겠어요?

出発まで 荷物を 預かってもらえますか。

슛빠쯔마데 니모쯔오 아즈깟떼 모라에마스까

84

객실에 문제가 생겼을 때

⮕ 에어컨이 작동하지 않아요.

エアコンが 動(うご)いて いません。

>> 열쇠를 방에 두고 나왔어요.
鍵を 部屋に 忘れました。
가기오 헤야니 와스레마시따

>> 카드키는 어떻게 사용하나요?
カードキーは どうやって 使うのでしょう。
카-도키-와 도-얏떼 츠까우노데쇼-

>> 뜨거운 물이 나오지 않는데요.
お湯が 出ないのですが。
오유가 데나이노데스가

>> 화장실 물이 안 나와요.
トイレの 水が 出ないんです。
토이레노 미즈가 데나인데스

>> 방을 따뜻하게 해주세요.
部屋を 暖かくして ください
헤야오 아따다까꾸시떼 구다사이

>> 옆방이 무척 시끄러워요.
となりの部屋が とても うるさいんです。
도나리노 헤야가 도떼모 우루사인데스

>> 방을 바꿔주세요.
部屋を 替えてください。
헤야오 가에떼 구다사이

>> 타월을 바꿔주세요.
タオルを 取り替えてください。
타오루오 도리까에떼 구다사이

>> 방 청소가 아직 안 됐어요.
部屋が まだ 掃除されていません。
헤야가 마다 소-지사레떼 이마셍

>> TV가 고장 났어요.
テレビが 故障してます。
테레비가 고쇼-시떼마스

>> 에어컨이 작동하지 않아요.
エアコンが 動いて いません。
에아꼰가 우고이떼 이마셍

>> 사용법을 알려주세요.
使い方を 教えて ください。
츠까이까따오 오시에떼 구다사이

>> 빨리 고쳐주세요.
すぐ 修理に 来てください。
스구 슈-리니 기떼 구다사이

85

호텔 서비스 이용할 때

◑ 룸서비스 부탁해요.
ルームサービスを お願(ねが)いします。

>> 귀중품을 맡아주세요.
貴重品を 預かって ください。
기쪼-힝오 아즈깟떼 구다사이

>> 짐을 방까지 옮겨 주시겠어요?
荷物を 部屋まで 運んでくれますか。
니모쯔오 헤야마데 하꼰데 구레마스까

>> 룸서비스 부탁해요.
ルームサービスを お願いします。
루-무사-비스오 오네가이시마스

>> 내일 아침 7시에 아침을 먹고 싶은데요.
明日の朝 7時に 朝食を 食べたいのですが。
아시따노 아사 시찌지니 쵸-쇼꾸오 다베따이노데스가

>> 우유와 토스트를 주세요.
ミルクと トーストを お願いします。
미루쿠또 토-스토오 오네가이시마스

>> 모닝콜 부탁해요.
モーニングコールを お願いします。
모-닝구코-루오 오네가이시마스

>> 레스토랑 예약 좀 해 주실래요?

レストランを 予約していただけますか。

레스또랑오 요야꾸시떼 이따다께마스까

>> 식당은 몇 시까지 하나요?

食堂は 何時まで 開いていますか。

쇼꾸도-와 난지마데 아이떼 이마스까

>> 바는 언제까지 하나요?

バーは いつまで 開いていますか。

바-와 이쯔마데 아이떼 이마스까

>> 세탁 서비스는 있나요?

洗濯のサービスは ありますか。

센따꾸노 사-비스와 아리마스까

>> 이메일을 체크하고 싶은데요.

メールを チェックしたいのですが。

메-루오 첵꾸시따이노데스가

>> 팩스는 있나요?

ファックスは ありますか。

확꾸스와 아리마스까

>> 계산은 방으로 해 주세요.

勘定は 部屋に つけて おいてください。

간죠-와 헤야니 츠께떼 오이떼 구다사이

○ 차를 3일간 빌리고 싶어요.
車(くるま)を 3日間(みっかかん) 借(か)りたいです。

>> 여기서 렌터카를 예약할 수 있나요?
ここで レンタカーの 予約(よやく)が できますか。
고꼬데 렌따카ー노 요야꾸가 데끼마스까

>> 차를 3일간 빌리고 싶어요.
車(くるま)を 3日間(みっかかん) 借(か)りたいです。
구루마오 믹까깡 가리따이데스

>> 면허증을 좀 보여주시겠어요?
免許証(めんきょしょう)を 見(み)せていただけますか。
멩꾜쇼ー오 미세떼 이따다께마스까

>> 여기 있어요. 제 국제운전면허증이에요.
はい、どうぞ。私(わたし)の 国際運転免許証(こくさいうんてんめんきょしょう)です。
하이 도ー조. 와따시노 고꾸사이 운뗌 멩꾜쇼ー데스

>> 오토매틱밖에 운전하지 못해요.
オートマチックしか 運転(うんてん)できません。
오ー또마칙꾸시까 운뗀 데끼마셍

>> 렌터카 목록을 보여 주시겠어요?
レンタカーリストを 見(み)せてもらえますか。
렌따카ー 리스또오 미세떼 모라에마스까

>> 1주간 요금은 얼마인가요?
1週間の 料金は いくらですか。
잇슈-깐노 료-낑와 이꾸라데스까

>> 1일 요금은 얼마인가요?
1日の料金はいくらですか。
이치니치노 료-낑와 이꾸라데스까

>> 도로지도를 주실래요?
道路地図を いただけますか。
도-로치즈오 이따다께마스까

>> 사용한 후에는 어떻게 돌려드리나요?
使った 後はどう 返しますか。
츠갓따 아토와 도- 까에시마스까

>> 차가 고속도로에서 고장났어요.
車が 高速道路で 故障したんです。
쿠루마가 코-소쿠도-로데 코쇼-시딴데스

>> 제 과실이 아니예요.
私の過失じゃ ありません。
와따시노 카시쯔쟈 아리마셍

>> 보험처리가 되나요?
保険処理が できますか。
호켄쇼리가 데끼마스까

◐ 관광 팸플릿을 주시겠어요?
観光(かんこう)パンフレットを ください。

〉〉 관광안내소는 어디에 있나요?
観光案内所は どこですか。
캉꼬-안나이죠와 도꼬데스까

〉〉 스카이라이너는 어디에서 타요?
スカイライナーは どこで 乗りますか。
스카이라이나-와 도꼬데 노리마스까

〉〉 이 도시의 관광안내 팸플릿이 있나요?
この町の 観光案内パンフレットは ありますか。
고노 마찌노 캉꼬-안나이 팡후렛또와 아리마스까

〉〉 관광 팸플릿을 주시겠어요?
観光パンフレットを ください。
캉꼬- 팡후렛또오 구다사이

〉〉 여기서 볼 만한 곳을 가르쳐 주시겠어요?
ここの 見どころを 教えてください。
고꼬노 미도꼬로오 오시에떼 구다사이

〉〉 여기서 유명한 온천은 어디인가요?
ここで 有名な 温泉は どこですか。
고꼬데 유우메이나 온센와 도꼬데스까

>> 지금 축제는 하고 있나요?
何か お祭りは やっていますか。
낭까 오마쯔리와 얏떼 이마스까

>> 퍼레이드는 언제 있나요?
パレードは いつ ありますか。
파레-도와 이쯔 아리마스까

>> 당일치기로 어디에 갈 수 있나요?
日帰りでは どこへ 行けますか。
히가에리데와 도꼬에 이께마스까

>> 관광버스 투어는 있나요?
観光バス ツアーは ありますか。
캉꼬바스 츠아-와 아리마스까

>> 투어는 몇 시간 걸리나요?
ツアーは 何時間 かかりますか。
츠아-와 난지깡 가까리마스까

>> 야간관광은 있나요?
ナイトツアーは ありますか。
나이또 츠아-와 아리마스까

>> 한국어 가이드가 있는 투어도 있나요?
韓国語の ガイドが つく ツアーも ありますか。
캉꼬꾸고노 가이도가쯔꾸 츠아-모 아리마스까

88

/ 관광지에서 /

➡️ 저는 도쿄타워를 보고 싶어요.
私(わたし)は 東京(とうきょう)タワーが みたいです。

〉〉 가부키를 보고 싶어요.
歌舞伎を 見たいです。
가부끼오 미따이데스

〉〉 공연 시작은 몇 시인가요?
開演は 何時ですか。
가이엥와 난지데스까

〉〉 지금 티켓을 살 수 있나요?
いま チケットが かえますか。
이마 치켓또가 카에마스까

〉〉 매표소는 어디에 있나요?
切符売場は どこですか。
깁뿌우리바와 도꾜데스까

〉〉 저는 도쿄타워를 보고 싶어요.
私は 東京タワーが みたいです。
와따시와 도꾜타와가 미따이데스

〉〉 저 건물은 무엇인가요?
あの建物は 何ですか。
아노 다떼모노와 난데스까

>> 입장권은 어디에서 팔아요?

入場券は どこで 売っていますか。

뉴죠-껭와 도꼬데 웃떼 이마스까

>> 단체할인이 있나요?

団体割引は ありますか。

단따이 와리비끼와 아리마스까

>> 이 티켓으로 모든 전시를 볼 수 있나요?

このチケットで すべての 展示が 見られますか。

고노 치켓또데 스베떼노 덴지가 미라레마스까

>> 이 공원에 대해 설명해 주실래요?

この公園について 説明して いただけますか。

고노꼬-엔니쯔이떼 세쯔메-시떼 이따다께마스까

>> 여기서 얼마나 머무나요?

ここで どのくらい 止まりますか。

고꼬데 도노쿠라이 도마리마스까

>> 몇 시에 버스로 돌아오면 되나요?

何時に バスに もどってくれば いいですか。

난지니 바스니 모돗떼구레바 이-데스까

>> 이 박물관의 오리지널 상품인가요?

この博物館の オリジナル 商品ですか。

고노 하꾸부쯔깐노 오리지나루 쇼-힌데스까

89

/ 기념사진 찍을 때 /

➡️ 사진 좀 찍어 주시겠어요?
写真(しゃしん)を 撮(と)って もらえませんか。

>> 여기서 사진을 찍어도 되나요?
ここで 写真を 撮っても いいですか。
고꼬데 샤싱오 톳떼모 이–데스까

>> 플래시를 터뜨려도 되나요?
フラッシュを たいても いいですか。
후랏슈오 다이떼모 이–데스까

>> 사진 좀 찍어 주시겠어요?
写真を 撮って もらえませんか。
샤싱오 톳떼 모라에마셍까

>> 셔터를 눌러주실래요?
シャッターを 押して もらえませんか。
샷따–오 오시떼 모라에마셍까

>> 여기를 누르면 됩니다.
ここを 押すだけです。
고꼬오 오스다께데스

>> 박물관을 배경으로 찍어주세요.
博物館を 背景に 入れて ください。
하꾸부쯔깡오 하이께–니 이레떼 구다사이

>> 한 장 더 부탁해요.

もう一枚 お願いします。

모- 이찌마이 오네가이 시마스

>> 나중에 사진을 보내드릴게요.

あとで 写真を 送ります。

아또데 샤싱오 오꾸리마스

>> 당신 사진을 찍어도 될까요?

あなたの 写真を 撮っても いいですか。

아나따노 샤싱오 톳떼모 이-데스까

>> 함께 사진을 찍으실래요?

一緒に 写真を 撮ってもらえませんか。

잇쇼니 샤싱오 톳떼 모라에마셍까

>> 건전지는 어디서 살 수 있나요?

電池は どこで 買えますか。

덴찌와 도꼬데 가에마스까

>> 어디에서 필름을 사나요?

どこで フィルムが 買えますか。

도꼬데 휘루무가 가에마스까

>> 어디서 현상할 수 있나요?

どこで 現像できますか。

도꼬데 겐조- 데끼마스까

⚫ 여권을 잃어버렸어요.
パスポートを なくしました。

〉〉 지갑을 잃어버렸어요.
財布を なくしました。
사이후오 나꾸시마시따

〉〉 가방을 잃어버렸어요.
バッグを 忘れました。
박구오 와스레마시따

〉〉 카메라를 잃어버렸어요.
カメラを なくしました。
카메라오 나꾸시마시따

〉〉 여행자수표를 잃어버렸어요.
トラベラーズチェックを なくしました。
토라베라ー즈첵꾸오 나꾸시마시따

〉〉 여권을 잃어버렸어요.
パスポートを なくしました。
파스뽀ー또오 나꾸시마시따

〉〉 재발행해 주세요.
再発行してください。
사이학꼬ー 시떼 구다사이

>> 카드를 무효화해 주세요.

カードを 無効にして ください。

카도오 무꼬니 시떼 구다사이

>> 카드는 은행에 신고해 주세요.

カードは 銀行に 届けて ください。

카도와 깅꼬우니 도도께떼 구다사이

>> 누구에게 알리면 되나요?

誰に 知らせたら いいですか。

다레니 시라세따라 이-데스까

>> 유실물 담당은 어디인가요?

遺失物係は どこですか。

이시쯔부쯔 가까리와 도꼬데스까

>> 열차에 가방을 두고 내렸어요.

列車に かばんを 忘れました。

렛샤니 가방오 와스레마시따

>> 제 가방이 보이지 않은데요.

私の バッグが 見当たらないんですが。

와따시노 박구가 미아따라나인데스가

>> 전철 안에서 지갑을 소매치기 당했어요.

電車の中で 財布を すられました。

덴샤노 나까데 사이후오 스라레마시따

⭕ 한국대사관은 어디입니까?
韓国大使館(かんこくたいしかん)**は どこですか。**

>> 이것은 일본어로 뭐라고 하나요?
これは 日本語で 何と 言うのですか。
고레와 니홍고데 난또 이우노데스까

>> 도움이 필요해요. 자동차에 치였어요.
助けて下さい。車に ひかれました。
타스께떼 구다사이. 구루마니 히까레마시따

>> 도와줘요. 강한 눈보라로 교통이 마비됐어요.
手伝って下さい。猛吹雪で 交通が ストップしています。
데쯔닷떼 구다사이. 모-후부끼데 고-쯔-가 스톱뿌시떼 이마스

>> 미안해요. 악의로 한 일이 아니에요.
ごめんなさい。悪気で したんじゃないんです。
고멘나사이. 와루기데 시딴쟈나인데스

>> 미안해요. 뭐라고 하셨나요?
すみません。何と 言ったのですか。
스미마셍. 난또 잇따노데스까

>> 제 일본어로는 부족하군요.
私の 日本語では 不十分です。
와따시노 니홍고데와 후쥬-분데스

>> 다시 한번 말해 주실래요?

もう一度 言ってくれますか。

모- 이찌도 잇떼 구레마스까

>> 저는 여행자입니다. 일본어는 하지 못해요

私は 旅行者なのです。日本語は 話せません。

와따시와 료꼬-샤나노데스. 니홍고와 하나세마셍

>> 한국어를 하는 분은 없나요?

韓国語を 話す方は いませんか。

캉꼬꾸고오 하나스 가따와 이마셍까

>> 한국대사관은 어디입니까?

韓国大使館は どこですか。

캉꼬꾸 타이시깡와 도꼬데스까

>> 한국어를 할 줄 아는 담당자를 불러주세요.

韓国語を 話せる係員を 呼んでください。

캉꼬꾸고오 하나세루 가까리잉오 욘데 구다사이

>> 못 알아듣겠어요. 다시 한 번 부탁해요.

聞き取れません。もう一度 お願いします。

기끼도레마셍. 모- 이찌도 오네가이시마스

>> 너무 빨라서 모르겠어요. 천천히 말해주실래요?

速すぎて わかりません。ゆっくり 話してくれませんか。

하야스기떼 와까리마셍. 육꾸리 하나시떼 구레마셍까

↪ 경찰을 불러 주세요.
警察(けいさつ)を 呼(よ)んでください。

》 긴급 사태예요!
緊急事態です。
긴뀨−지따이데스

》 도와줘요! 사고예요!
助けて。事故です。
다스께떼. 지꼬데스

》 경찰을 불러 주세요.
警察を 呼んで ください。
게−사쯔오 욘데 구다사이

》 의사를 불러주세요.
お医者さんを 呼んで ください。
오이샤상오 욘데 구다사이

》 병원에 데려다 주세요.
病院に 連れて 行って ください。
뵤−잉니 쯔레떼 잇떼 구다사이

》 구급차를 부탁해요!
救急車を お願いします。
규−뀨−샤오 오네가이시마스

>> 누가 와주세요!

誰か 来て。
<ruby>誰<rt>だれ</rt></ruby>か <ruby>来<rt>き</rt></ruby>て。

다레까 기떼

>> 저리 가! 경찰을 부르겠다!

あっちへ 行け。警察を 呼ぶぞ。
あっちへ <ruby>行<rt>い</rt></ruby>け。<ruby>警察<rt>けいさつ</rt></ruby>を <ruby>呼<rt>よ</rt></ruby>ぶぞ。

앗찌에 이께. 게-사쯔오 요부조

>> 조심하세요!

気を つけてください。
<ruby>気<rt>き</rt></ruby>を つけてください。

키오 쯔케떼 구다사이

>> 위험해! 엎드려!

あぶない。伏せろ。
あぶない。<ruby>伏<rt>ふ</rt></ruby>せろ。

아부나이. 후세로

>> 서둘러줘요!

急いで ください。
<ruby>急<rt>いそ</rt></ruby>いで ください。

이소이데 구다사이

생생 Key-word

• 여행자들은 항상 사고 위험이나 범죄자들의 표적이 되기 마련이죠.

도둑이야! 泥棒(どろぼう)。[도로보]　　사람 살려! 助(たす)けてくれ。[다스께떼꾸레]
불이야! 火事(かじ)だ。[카지다]　　침착해! 落(お)ち着(つ)け。[오치츠께]
손들어! 手(て)を上(あ)げろ。[데오 아게로]　　쏘지마! 撃(う)つな。[우츠나]
움직이지마! 動(うご)くな。[우고꾸나]　　멈춰! 止(と)まれ。[도마레]

○ 예약을 재확인하고 싶은데요.
リコンファームを したいのですが。

>> 예약을 재확인하고 싶은데요.
リコンファームを したいのですが。
리콩화-무오 시따이노데스가

>> 성함과 편명을 말씀하세요.
お名前と 便名を どうぞ。
오나마에또 빔메-오 도-조

>> 비행편을 변경할 수 있나요?
便の変更を お願いできますか。
빈노 헹꼬-오 오네가이 데끼마스까

>> 8월 10일로 변경하고 싶어요.
8月10日に 変更したいのです。
하찌가쯔 도-까니 헹꼬-시따이노데스

>> 예약을 취소하고 싶은데요.
予約を 取り消したいのですが。
요야꾸오 도리께시따이노데스가

>> 다른 항공사의 비행기를 확인해 주세요.
他の 会社の便を 調べてください。
호까노 카이샤노 빙오 시라베떼 구다사이

>> 인천행 탑승 게이트는 여기인가요?

インチョン行きの 搭乗ゲートは ここですか。

인천유끼노 토-죠-게-또와 고꼬데스까

>> 대한항공 카운터로 짐을 운반해 주세요.

大韓航空の カウンターに 荷物を 運んでください。

다이캉꼬꾸노 카운타니 니모쯔오 하꼰데 구다사이

>> 초과요금이 얼마인가요?

超過料金は いくらですか。

쵸카료킹와 이꾸라데스까

>> 덕분에 즐거웠어요.

おかげ様で 樂しかったです。

오까게사마데 다노시깟따데스

>> 한국에도 놀러오세요.

韓国にも 遊びに 来て ください。

캉꼬꾸니모 아소비니 기떼 구다사이

>> 한국여행은 제게 맡기세요.

韓国旅行は 私に 任せて ください。

캉꼬꾸 료꼬우와 와따시니 마까세떼 구다사이

>> 그럼 건강하세요. 정말 신세 많았어요.

では、お元気で。大変お世話に なりました。

데와 오겡끼데. 타이헨 오세와니 나리마시따

217

Chapter 7
leisure & dilettante life Japanese

사회생활을 하다보면 스트레스도 심하고 힘들고 짜증날 때가 많죠.
그래서 여가와 취미생활을 즐기는 기쁨이 더욱 크게 느껴집니다.
애인과 공연장을 찾고 자리를 잡고 앉아서 막이 오르기를 기다릴 때,
경기장에서 응원하는 팀의 짜릿한 홈런에 환호하는 때만큼 행복한
순간도 없을 겁니다. 이 장에서는 주말에 TV를 보거나
영화, 미술, 음악 등을 감상할 때, 스포츠를 즐길 때
유용하게 쓸 수 있는 표현들을 담았습니다.

7_ 신나게 즐기자!
여가 & 취미생활 일본어

처음이 좋아야 끝도 좋다.

始(はじ)めよければ 終(お)わりよし。

[하지메 요케레바 오와리요시]

○ 여가를 어떻게 보내세요?

余暇(よか)を どのように お過(す)ごしですか。

>> 여가시간에는 무엇을 하세요?

余暇の 時間には 何をしますか。

요까노 지칸니와 나니오시마스까

>> 여가를 어떻게 보내세요?

余暇を どのように お過ごしですか。

요까오 도노요–니 오스고시데스까

>> 한가한 때는 뭘 하세요?

お暇な 時は 何を なさいますか。

오히마나 도끼와 나니오 나사이마스까

>> 일이 끝난 후에 뭐하고 즐기세요?

仕事の 後は どうやって 楽しんでますか。

시고또노 아또와 도–얏떼 다노신데 마스까

>> 독서가 유일한 즐거움이죠.

読書が 唯一の 楽しみです。

도쿠쇼가 유이–쯔노 타노시미데스

>> 주말에 극장에 가지 않을래요?

週末に 映画館へ 行きませんか。

슈–마쯔니 에–가깡에 이끼마셍까

>> 주말에 어떻게 시간을 보내세요?
週末は どのように お過ごしですか。
슈-마쯔와 도노요-니 오스고시데스까

>> 저는 여행을 좋아해요.
私は 旅行が 好きです。
와따시와 료코-가 스끼데스

>> 가끔 차로 드라이브를 떠나요.
時々車で ドライブに 出かけます。
도끼도끼 구루마데 도라이부니 데까께마스

>> 미술관에 가끔 가요.
美術館に ちょくちょく 行きます。
미쥬쓰깐니 쵸꾸쵸꾸 이끼마스

>> 저는 주말마다 등산해요.
私は 週末ごとに 登山をします。
와따시와 슈-마쯔고토니 토장오 시마스

>> 운동하는 거 좋아하세요?
スポーツは お好きですか。
스포-츠와 오스끼데스까

>> 요즘은 운동부족이에요.
この ところ 運動不足です。
고노 도꼬로 운도-부소꾸데스

/ 취미 생활을 말할 때 /

◐ 제 취미는 여행이에요.
私(わたし)の 趣味(しゅみ)は 旅行(りょこう)することです。

>> 당신의 취미는 무엇인가요?
あなたの 趣味は 何ですか。
아나따노 슈미와 난데스까

>> 특별한 취미가 있으신가요?
特別な 趣味が ありますか。
토쿠베쯔나 슈미가 아리마스까

>> 저의 취미는 기념우표를 모으는 거예요.
私の趣味は 記念切手を 集める ことです。
와따시노 슈미와 기넹깃떼오 아쯔메루 고또데스

>> 제 취미는 여행이에요.
私の 趣味は 旅行することです。
와따시노 슈미와 료코-스루 고또데스

>> 제 취미는 음악을 듣는 거예요.
私の 趣味は 音楽を 聞くことです。
와따시노 슈미와 옹가꾸오 키쿠고또데스

>> 제 취미는 바이올린을 켜는 거예요.
私の 趣味は バイオリンを 弾く ことです。
와따시노 슈미와 바이오린오 히꾸 고또데스

>> 재즈 CD를 많이 모았어요.

ジャズの CDを ずいぶん 集めました。

쟈즈노 씨디오 즈이붕 아쯔메마시따

>> 좋은 그림을 수집하고 있어요.

すばらしい 絵を 集めています。

스바라시이 에오 아쯔메떼 이마스

>> 미술 감상을 좋아해요.

美術鑑賞が 好きです。

비쥬츠칸쇼-가 스끼데스

>> 요리는 비교적 잘해요.

料理は わりと 得意です。

료-리와 와리또 도꾸이데스

>> 사진을 찍는 것에 흥미가 있어요

写真を 撮るのに 興味が あります。

샤싱오 도루노니 쿄-미가 아리마스

>> 훌륭한 취미를 가지셨군요.

すばらしい ご趣味を お持ちに なりましたね。

스바라시이 고슈미오 오모치니 나리마시따네

>> 특별히 취미라고 말할 것은 없어요.

特に 趣味と 言えるのは ありません。

도꾸니 슈미또 이에루노와 아리마셍

◐ TV에서 지금 무엇을 하고 있나요?
テレビで 今(いま) 何(なに)を やってますか。

〉〉 여기서는 어떤 채널을 볼 수 있나요?

ここでは どんな チャンネルが 見られますか。

고꼬데와 돈나 챤네루가 미라레마스까

〉〉 어떤 프로그램을 제일 좋아하세요?

どんな プログラムが 一番好きですか。

돈나 프로그라무가 이치방 스키데스까

〉〉 TV에서 지금 무엇을 하고 있나요?

テレビで 今 何を やってますか。

테레비데 이마 나니오 얏떼마스까

〉〉 이 드라마는 여성에게 인기가 있어요.

この ドラマは 女性に 人気があるんですよ。

고노 도라마와 죠세-니 닝끼가 아룬데스요

〉〉 지난주 그 드라마는 보셨어요?

先週 そのドラマを 見ましたか。

센슈- 소노 도라마오 미마시따까

〉〉 지금 영화를 하고 있어요.

今映画 をやっています。

이마 에-가오 얏떼 이마스

>> 저 배우는 연기를 잘해요.

あの俳優は 演技がうまい。

아노 하이유와 엥기가 우마이

>> 저는 공상과학 영화에 빠져 있어요.

私は SF映画に はまっています。

와따시와 에스에후 에-가니 하맛떼 이마스

>> 가끔 비디오가게에서 빌려오는 경우도 있어요.

時々レンタルビデオの 店から 借りてくる こともあります。

도끼도끼 렌따루 비데오노 미세까라 가리떼구루 고또모 아리마스

>> 좋아하는 남자 배우는 누구예요?

好きな 俳優は 誰ですか。

스끼나 하이유-와 다레데스까

>> 저 가수는 정말 노래를 잘해요.

あの歌手は 本当に 歌が上手だ。

아노카슈와 혼토-니 우따가 죠-즈다

>> 저는 버라이어티 쇼는 잘 보지 않아요.

私は バラエティーショーは あまり 見ません。

와따시와 바라에띠쇼-와 아마리 미마셍

>> 소리를 줄여주세요.

ボリュームを 下げてください。

보류-무오 사게떼 구다사이

❍ 우리 콘서트 보러 갈까요?
コンサートに 行(い)きましょうか。

>> 연극 보러 가는 거 어떠세요?
演劇を 見に行くのは どうですか。
엔게끼오 미니 이꾸노와 도-데스까

>> 지금 어떤 영화를 하나요?
今 どんな 映画を やってますか。
이마 돈나 에-가오 얏떼마스까

>> 그 영화의 주연은 누군가요?
その映画の 主演は 誰ですか。
소노 에-가노 슈엥와 다레데스까

>> 입장료는 얼마인가요?
入場料は いくらですか。
뉴-죠-료-와 이꾸라데스까

>> 오늘 표는 아직 남아 있나요?
今日の 切符は まだ ありますか。
쿄-노 깁뿌와 마다 아리마스까

>> 상영 기간은 언제까지인가요?
上映期間は いつまでですか。
죠-에이기깡와 이쯔마데데스까

>> 우리 콘서트 보러 갈까요?

コンサートに 行きましょうか。

콘사ー토니 이키마쇼ー까

>> 콘서트 입장권 2장 있는데 보러 가지 않을래요?

コンサートの 切符が 2枚ありますが 行ってみませんか。

콘사ー토노 깁뿌가 니마이 아리마스가 잇떼 미마셍까

>> 영화는 어땠어요?

映画は どうだった。

에ー가와 도ー닷따

>> 연극 재미있게 보셨어요?

演劇 おもしろかったですか。

엔게키 오모시로갓따데스까

생생 Key-word

• 연극, 영화 관련 단어를 알아보죠.

영화관 映画館(えいがかん) [에이가깡]	극장 劇場(げきじょう) [게키쿄ー]
액션영화 アクション映画(えいが) [아쿠숑 에ー가]	공상과학영화 SF映画(えいが) [에스에후 에ー가]
스릴러영화 スリルのある映画 [스리루노 아루 에ー가]	예술 芸術(げいじゅつ) [게이쥬쯔]
관객, 관중 観客(かんきゃく) [간캬쿠]	앙코르(encore) アンコール [앙코ー루]
감독 監督(かんとく) [간토쿠]	배우 俳優(はいゆう) [하이유]
각본, 시나리오 シナリオ [시나리오]	대사 台詞(せりふ) [세리후]
리허설 リハーサル [리하ー사루]	무대 舞台(ぶたい) [부타이]
스타 スター [스타ー]	연예인 芸能人(げいのうじん) [게이노ー징]

98 / 음악과 미술 감상할 때 /

➡ 비틀즈 노래를 매우 좋아해요.
ビートルズの歌(うた)が 大好(だいす)きです。

>> 어떤 음악을 좋아하세요?
どんな 音楽(おんがく)が 好(す)きですか。
돈나 옹가꾸가 스끼데스까

>> 클래식음악 좋아해요.
クラシック音楽(おんがく)が 好(す)きです。
쿠라식쿠 옹가꾸가 스끼데스

>> 어떤 악기를 연주할 수 있나요?
どんな楽器(がっき)の 演奏(えんそう)が できますか。
돈나 각끼노 엔소-가 데끼마스까

>> 피아노를 연주해요.
ピアノを ひきます。
피아노오 히끼마스

>> 무슨 음악을 틀까요?
何(なに)か 音楽(おんがく)を かけましょうか。
나니까 옹가꾸오 가께마쇼-까

>> 당신이 좋아하는 가수는 누구예요?
あなたが 好(す)きな 歌手(かしゅ)は だれですか。
아나따가 스키나 카슈와 다레데스까

228

>> 비틀즈 노래를 매우 좋아해요.

ビートルズの歌が　大好きです。

비-또루즈노 우따가 다이스끼데스

>> 미술관에 자주 가세요?

美術館によく行きますか。

비쥬쯔칸니 요꾸 이끼마스까

>> 다음 주는 무슨 좋은 전시회를 하나요?

来週は何か　いい展示会を　やってますか。

라이슈-와 나니까 이- 텐지카이오 얏떼마스까

>> 이건 누구 작품인가요?

これは　だれの　作品ですか。

고레와 다레노 사쿠힌데스까

>> 정말 훌륭한 작품이군요!

本当に　すばらしい　作品ですね。

혼토-니 스바라시이 사쿠힌데스네

생생 Key-word

• 음악 관련 단어를 알아보죠.

음악회 音楽会(おんがくかい) [옹가꾸카이]　　콘서트 コンサート [콘사-또]
악보 楽譜(がくふ) [가꾸후]　　연주 演奏(えんそう) [엔소-]
재즈 ジャズ [쟈즈]　　일본대중음악 J-POP(ジェーポップ) [제이-폿쁘]
로큰롤 ロック [롯쿠]　　클래식 クラシック [쿠라싯쿠]

> 탁구는 아주 재미있어요.
>
> **卓球(たっきゅう)は とても おもしろい。**

>> 무슨 스포츠를 잘 하세요?

どんな スポーツが とくいですか。

돈나 스포-츠가 토쿠이데스까

>> 골프와 야구를 즐겨요.

ゴルフと 野球を やります。

고루후또 야큐-오 야리마스

>> 사이클링과 승마를 좋아해요.

サイクリングと 乗馬が 好きです。

사이쿠링구또 죠-바가 스끼데스

>> 탁구는 아주 재미있어요.

卓球は とても おもしろい。

탓큐-와 도테모 오모시로이

>> 최근에 스쿼시를 시작했어요.

最近 スカッシュを 始めました。

사이낀 스캇슈오 하지메마시따

>> 수영할 줄 아세요?

水泳できますか。

스이에이 데끼마스까

>> 네, 수영 잘해요.

はい、上手です。
〔じょうず〕

하이 죠-즈데스

>> 겨울에는 스키나 스케이트를 타러 가요.

冬は スキーや スケートに 行きます。
〔ふゆ〕   〔い〕

후유와 스카-야 스께-또니 이끼마스

>> 이 근처에서 스키를 탈 수 있나요?

この あたりで スキーが できますか。

고노 아따리데 스카-가 데끼마스까

>> 스노우보드를 빌려주세요.

スノーボードを かしてください。

스노-보-도오 카시떼 구다사이

• 스포츠 관련 단어를 알아보죠.

월드컵	ワールドカップ [와-르도캅프]	올림픽	オリンピック [오린픽쿠]
시합	試合(しあい) [시아이]	결승	決勝(けっしょう) [켓쇼-]
축구	サッカー [삿카-]	농구	バスケットボール [바스켓또보-루]
배구	バレーボール [바레-보-루]	태권도	テコンドー [테콘도-]
유도	柔道(じゅうどう) [쥬-도-]	스모	相撲(すもう) [스모-]
마라톤	マラソン [마라손]	레슬링	レスリング [레스링그]
테니스	テニス [테니스]	배드민턴	バドミントン [바토밍톤]
체조	体操(たいそう) [타이소-]	당구	ビリヤード [비리야-도]

⏵ 3대 3으로 비겼어요.

3対3(さんたいさん)で 引分(ひきわ)けました。

≫ 스포츠 관람 좋아하세요?

スポーツ観戦は お好きですか。

스포-츠간센와 오스키데스까

≫ 어느 팀을 응원하고 있나요?

どちらの チームを 応援していますか。

도치라노 치-무오 오-엔시떼 이마스까

≫ 지금 득점은 몇 점인가요?

今 得点は 何点ですか。

이마 도꾸뗑와 난뗀데스까

≫ 타자는 누구인가요?

バッターは 誰ですか。

바따-와 다레데스까

≫ 1번 타자는 삼진이군요.

トップーバッターは 三振ですね。

톱뿌바따-와 산신데스네

≫ 9회 말이 되었어요.

9回の裏に なりました。

큐-까이노 우라니 나리마시따

>> 지금은 만루입니다.

今は 満塁です。

이마와 만루이데스

>> 이거 재미있어지는데요.

これは 面白くなって きましたね。

고레와 오모시로꾸낫떼 기마시따네

>> 어느 편이 이겼어요?

どちらの 方が かちましたか。

도치라노 호-가 카치마시따까

>> 3대 3으로 비겼어요.

3対3で 引分けました。

산타이상데 히키와케마시따

>> 스모 대회가 도쿄에서 열렸어요.

相撲大会が 東京で 開かれました。

스모-다이카이가 도-꾜-데 히라카레마시따

>> 스모를 보신 적 있으세요?

相撲を ご覧になった ことが ありますか。

스모-오 고란니낫따 고또가 아리마스까

>> 저것은 요코즈나가 등판하는 거예요.

あれは 横綱の 土俵入りです。

아레와 요꼬즈나노 도효-이리데스

시간은 금이다.
時は 金なり。
[도키와 카네나리]

낙숫물이 바위를 뚫는다.
雨垂れ 石を 穿つ。
[아마다레 이시오 우가쯔]

하늘은 스스로 돕는 자를 돕는다.
天は 自ら 助くる 者を 助く。
[텐와 미즈까라 타스쿠루 모노오 타스꾸]

두 마리 토끼를 잡으려다 한 마리도 못 잡는다.
二兎を 追う者は 一兎をもえず。
[니또오 오우모노와 잇또오 모에즈]

젊었을 때의 고생은 사서라도 해라.
若い時の 苦労は 買ってでもせよ。
[와까이도끼노 쿠로우와 갓떼데모세요]

호랑이 굴에 들어가야 호랑이를 잡는다.
虎穴に 入らずんば 虎子を 得ず。
[코케쯔니 이라즌바 코지오 에즈]

소년은 늙기 쉽고 학문은 좀처럼 이루기 힘들다.
少年老い 易く 学成り 難し。
[쇼우넹오이 야스꾸 가꾸나리 가따시]

책속부록 _ 왕초보
미니사전

*1_* 일본의 문자를 알자

일본어 문자는 영어의 알파벳을 필기체와 인쇄체로 나누어 쓰듯이 '히라 가나' 와 가타카나' 로 나누어 쓴다. 현재 일본의 글자는 ひらがな [히라가 나], カタカナ [카다까나], 漢子 [칸지]를 사용하고 있으며, 모두 중국의 한자에 뿌리를 둔 표음문자(表音文字)이다.

일본 고유문자인 히라가나와 가타카나를 '가나(仮名)' 라고 하는데, 이 가 나문자를 발음 체계에 따라 10개의 행(行)과 5개의 단(段)으로 나누어 표로 배열한 것을 '오십음도(五十音図)' 라고 한다.

1. 히라가나 (ひらがな)

한자의 초서체가 변화해서 만들어진 문자이다. 일본 문장을 표기할 때 일 반적으로 가장 많이 쓰이는 기본문자로 그 의미를 이해하기 쉽도록 한자 를 사용하기도 한다. 우리가 한글의 'ㄱ, ㄴ, ㄷ' 을 알아야 글을 쓸 수 있는 것처럼 하라가나를 모르면 일본어를 읽을 수도 쓸 수도 없다.

2. 가타카나 (カタカナ)

한자의 일부분을 떼어내거나 획을 간단히 해서 만든 문자이다. 외래어, 의 성어, 의태어에 많이 쓰이고, 외국의 인명이나 지명, 전문문, 어려운 한자 로 표기하는 동식물의 명칭 등 전문용어, 특별히 강조하고 싶은 말 등에도 가타카나를 사용한다.

3. 일본 한자 (漢子)

1) 일본 한자는 일반 국민을 위한 한자사용의 기준으로 내각고시로 제정

한 상용한자(常用漢字) 1,945자를 사용하고 있다. 그 중에 초등학교의 한자교육을 위해 1,006자의 교육한자(教育漢字)를 제정하였다.

2) 일본 한자에는 관용음이 많은데, 관용음은 본래의 음은 아니나 옛날에 잘못 읽은 발음이 습관적으로 정착된 예외적인 발음이다. 또한, 일본 한자는 일본식 약자(新字体)를 사용하기 때문에 우리가 쓰는 정자(正字)로 표기하면 안 된다.

4. 일본 한자 읽기

일본 한자 읽기는 우리말처럼 음으로만 읽지 않고 음독(音讀)과 훈독(訓讀), 음과 훈을 섞어서 읽는 방법 등이 있다.

1) 음독 : 중국문자인 한자 발음을 그대로 따라 일본어 발음으로 읽는 방법이다.
  ▪ 겨울 冬(とう) [토우] ▪ 산 山(さん) [산]

2) 훈독 : 한자의 뜻을 새겨서 일본어 발음으로 읽는 것이다. 이것은 한자 1자당 한 가지로만 읽는 것이 아니라 각각 여러 가지로 읽을 수 있다. 예를 들어, '上·下·生' 등의 경우에는 일본어 발음이 10가지 이상으로 읽히고 있다.
  ▪ 겨울 冬(ふゆ) [후유] ▪ 산 山(やま) [야마]

3) 음과 훈을 섞어서 읽을 때 : 한자 2글자(字)로 되어 있는 단어를 읽을 때는 첫 글자는 음독, 뒤의 글자는 훈독으로 읽는 경우와 첫 글자를 훈독, 뒤의 글자를 음독으로 섞어서 읽는 방법이 있다.
  ▪ 훈독+음독 : 후지산 富士山(ふじさん) [후지산]
  ▪ 음독+훈독 : 음독 音読(おんよみ) [온요미]

2_ 지시대명사를 알자

1. 지시대명사란?

사물, 장소, 방향 등을 가리키는 대명사를 말한다. 지시대명사는 가리키는 사물의 위치에 따라 'これ・それ・あれ・どれ' 등으로 표현한다.

1) 이것 これ [고레] : 말하는 사람의 가까이 있는 사물을 가리킬 때 쓴다.
   ■ 이것은 연필이에요. **これは** えんぴつです。 [고레와 엔삐츠데스]

2) 그것 それ [소레] : 상대편의 가까이 있는 사물을 가리킬 때 쓴다.
   ■ 그것은 가방이에요. **それは** かばんです。 [소레와 가방데스]

3) 저것 あれ [아레] : 말하는 사람과 상대편으로부터 동시에 멀리 있는 사물을 가리킬 때 쓴다.
   ■ 저것은 창문이에요. **あれは** まどです。 [아레와 마도데스]

4) 어느 것 どれ [도레] : 말하는 사람이 사물을 모르거나 사물이 정해져 있지 않을 때 쓴다.
   ■ 가방은 어느 것인가요? かばんは **どれですか**。 [가방와 도레데스까]

2. 연체 수식어 「この・その・あの・どの」

'이 この [고노]' '그 その [소노]' '저 あの [아노]' '어느 どの [도노]'는 명사 앞에서 뒤에 있는 명사를 가리키는 연체사(連体詞)이다. 이 말들은 활용하시 못하고 언제나 명사 앞에서만 쓰인다.

■ 이 만화는 재미있어요.

この マンガは 面白(おもしろ)いです。[고노 만가와 오모시로이데스]

■ 저 원피스는 예쁘다.

あの ワンピースは きれいだ。[아노 완피ー스와 기레이다]

3. 지시대명사의 호응

무엇인가를 질문할 때 'これは~ですか。[고레와~데스까]'로 묻는 경우 'それは~です。[소레와~데스]' 하고 대답한다. 'それは~ですか。[소레와 ~데스까]'라고 물으면 'これは~です。[고레와~데스]'라고 하고, 'あれ は~ですか。[아레와~데스까]'라고 물으면 'あれは~です。[아레와~데 스]'라고 대답한다.

■ 이것은 무엇인가요? **これは** なんですか。[고레와 난데스까]

그것은 책이에요. **それは** ほんです。[소레와 혼데스]

• 이것 これ [고레] → 그것 それ [소레]

• 그것 それ [소레] → 이것 これ [고레]

• 저것 あれ [아레] → 저것 あれ [아레]

• 어느 것 どれ [도레] → 이것 これ · 그것 それ · 저것 あれ

◙ 지시대명사 ◙

	이(こ)	그(そ)	저(あ)	어느(ど)
사물	이것 これ [고레]	그것 それ [소레]	저것 あれ [아레]	어느 것 どれ [도레]
장소	여기 ここ [고코]	거기 そこ [소코]	저기 あそこ [아소코]	어디 どこ [도코]
방향	이쪽 こちら [고찌라]	그쪽 そちら [소찌라]	저쪽 あちら [아찌라]	어느 쪽 どちら [도찌라]
부사	이렇게 こう [고ー]	그렇게 そう [소ー]	저렇게 ああ [아ー]	어떻게 どう [도ー]
연체사	이 この [고노]	그 その [소노]	저 あの [아노]	어느 どの [도노]
	이런 こんな [곤나]	그런 そんな [손나]	저런 あんな [안나]	어떤 どんな [돈나]

1. 인칭대명사란?

사람을 가리키는 대명사를 말한다. 인칭대명사의 경우에는 주어나 목적어 등으로 문장에서 중요한 역할을 하기 때문에 상용한자가 아니라도 일반적으로 '漢字'로 많이 표기한다. 한자어를 쓰면 눈에 잘 들어오기 때문이다.

2. 인칭대명사 바로 알기

1) 1인칭 : 일반적으로 '나'를 지칭할 때는 'わたし [와따시]'가 가장 무난하며 격식을 차리거나 보다 정중하게 표현하고자 할 때에는 'わたくし [와따쿠시]'라고도 한다.

2) 2인칭 : 'あなた [아나따]'는 손윗사람에게는 사용할 수 없으며, 상대방이 동등하거나 손아랫사람이라 하더라도 'あなた [아나따]'라는 표현이 반복되면 실례가 될 수 있다. 'あなた'는 사용이 다소 제한되는 면이 있기 때문에 상대방을 부를 때 이름을 부르는 편이 가장 무난하다. 일반적으로 'あなた'는 생략되어 사용되며, 굳이 필요한 경우에는 상대의 성이나 직함에 'さん [상]'을 붙여 '~씨'라고 표현하는 것이 좋다.

3) 접미어 「~さん」: '~씨/~님'의 뜻으로 주로 사람의 성이나 이름 뒤에 붙여서 상대방에게 경의나 친근감을 표현한다. 또, 이름뿐 아니라 직업, 직책 등의 뒤에도 붙여 쓸 수 있다. 단, 이 접미사는 상대방에 대한 경어의 표현이므로 자신의 이름 뒤나 자기 가족, 자기가 소속되어 있는 직장상사를 남에게 말할 때에는 붙여 사용하지 않는다.

■ 꽃가게 주인 **おはなやさん** [하나야상─]　■ 손님 **おきゃくさん** [오꺅상─]

3. 호칭과 경어 사용

일본의 높임말은 윗사람에게 무조건 말을 높이는 절대적 경어가 아니라 상대방과의 관계나 주변사항을 고려한 상대적 경어를 사용한다. 상대방과의 관계를 따져서 자신에게 속하는 사람의 경우에는 말을 높이지 않는다. 예를 들어 가족을 호칭할 때도 나의 가족을 다른 사람에게 소개할 경우에는 경어를 쓰지 않는다.

- 다른 사람의 가족을 소개할 때

■ 아버지 **お父(とう)さん** [오또─상]　■ 어머니 **お母(かあ)さん** [오까─상]

■ 형, 오빠 **お兄(にい)さん** [오니─상]　■ 누나, 언니 **お姉(ねえ)さん** [오네─상]

- 나의 가족을 소개할 때

■ 아빠 **父(ちち)** [치찌]　　　■ 엄마 **母(はは)** [하하]

■ 형, 오빠 **兄(あに)** [아니]　　■ 누나, 언니 **姉(あね)** [아네]

◼ 인칭대명사 ◼

	단수	복수
1인칭	나/저 私(わたし/わたくし) [와따시]/[와따쿠시], 나 僕(ぼく) [보꾸] 나, 네 俺(おれ) [오레]	우리들 我々(われわれ) [와레와레] 우리 我(われ)ら [아레라]
2인칭	당신 貴方(あなた) [아나따] 자네, 그대, 군 きみ [기미] 너 おまえ [오마에]	너희들, 당신들 あなた方(がた) [아나따가타]
3인칭	그 彼(かれ) [가레] 그녀 彼女(かのじょ) [가노죠]	그들 彼(かれ)ら [가레라] 그녀들 彼女(かのじょ)ら [가노죠라]
부정칭	누구 誰(だれ) [다레] 어느 분 何方(どなた) [도나따]	누구누구 誰々(だれだれ) [다레다레]

4 _ 외래어 표기법을 알자

1. 외래어 표기는 '가타카나'를 쓰자

일본어는 기본적으로 외래어나 외국어를 표기할 때 '가타카나'를 쓴다.
일본어는 음운조직의 특성상 외국어를 원음 그대로 발음하기가 어려워
외래어 및 영어의 일본식 표기가 많이 사용된다. 그러므로 원음을 알고 있
더라도 외래어의 가타카나 표기를 따로 익혀야 한다.
일단 외래어의 장음표기는「一」를 쓴다. 외래어는 발음을 중시해서 쓰지
만, 그 외래어가 일본에서 잘 쓰이는 관용음이 있는 경우에는 원래 발음보
다 이 관용음을 쓰기도 한다.

1) 일반(一般) : 일본의 내각고시 '외래어의 표기'에 따른 것으로 언론,
사전 등에서 사용하는 표기이다.
2) 발음(發音) : 외래어의 원래 발음을 중시해서 쓴 표기이다.
3) 관용(慣用) : 일본에 널리 알려져 있는 표기를 근거로 한 표기법으로
내각고시 '외래어의 표기'에서 관용으로 취급하고 있다.

2. 외래어 발음의 정석

일본의 외래어 발음 표기는 관용음이 있으면 원래 발음을 무시하고 그것
을 쓰는 경향이 있다. 일본의 외래어 표기가 우리가 알고 있는 발음과 상
당히 다른 경우에는 관용으로 읽는 것이던가, 아니면 영어가 아닌 다른 나
라의 외래어를 쓰고 있는 것이다.

1) 'cellophane(셀로판)'의 경우, 발음에 따르면「セロファン(세로파―
안)」에 가깝지만, 관용음을 따라「セロハン(세로판)」라고 쓴다. 'tour(투

어)'를「トゥアー(토우아-)」로 표기하기도 하는데, 일반표기는「ツアー(쯔아-)」이다.

2) 'radio(라디오)'의 경우, 원래 발음에 따르면「ラディオ(라디오)」에 가깝지만 관용음인「ラジオ(라지오)」를 사용한다. 'switch(스위치)'를「スウィッチ(스윗치)」가 아니라「スイッチ(스잇치)」라고 쓰고, 'super(슈퍼)'를「シューパー(슈-파-)」가 아니라「スーパー(스-파-)」라고 쓰는 것도 모두 관용음을 따른 것이다.

3) 'デモ[데모]'는 'デモンストレーション[데몬스토레-숀]'의 줄임말이고, '개인용컴퓨터'는 パソコン[파소콤]'이라고 하는데, 'パーソナルコンピューター[파-소나루 콤퓨-따-]'의 줄임말이다.

- 직장여성 オーエル [오-에루]
- 팀, 조 チーム [치-무]
- 아파트 アパート [아파-토]
- 백화점 デパート [데파-토]
- 청바지 ジーパン [지-빵]
- 스튜디오 スタジオ [스타지오]
- 편의점 コンビニ [콘비니]
- 커피 コーヒー [코-히-]
- 햄버거 ハンバーガー [한바-가]
- 맥주 ビール [비-루]
- 영수증 レシート [레시-또]
- 에어컨 クーラー [쿠-라-]
- 컴퓨터 コンピューター [콤퓨타]
- 노트북 ノートブック [노-또부꾸]
- 모니터 モニター [모니타-]
- 팩시밀리 ファクシミリ [곽꾸시미리]
- 애완동물 ペット [벳또]

- 셀러리맨 サラリーマン [사라리-만]
- 파업, 스트라이크 スト [스토]
- 빌딩 ビル [비루]
- 패션 ファッション [파숑]
- 선물 プレゼント [프레젠또]
- 탤런트 タレント [타렌또]
- 맥도날드 マクドナルド [마꾸도나루도]
- 콜라 コーラ [코-라]
- 샌드위치 サンドイッチ [산도잇치]
- 매너 マナー [마나-]
- 비타민 ビタミン [비따밍]
- 라디오 ラジオ [라지오]
- 퍼스널컴퓨터 パソコン [파소콘]
- 키보드 キーボード [키-보-도]
- 마우스 マウス [마우스]
- 카피, 복사 コピー [코피-]
- 케익 ケーキ [케-끼]

1. 일본의 본고장 요리를 즐기자

외국 여행에서 그 나라의 '본고장 요리'를 마음껏 즐길 수 있는 것은 여행의 커다란 즐거움이다. 일본에서는 고급 요정에서 맛볼 수 있는 가이세키 료리(懷石料理 : 시간을 들여 만든 요리를 순서에 맞게 손님에게 제공하는 일본식의 고급 코스요리)를 시작으로 일반적인 스시, 사시미, 덴푸라나 스키야키, 더 나아가서는 서민적인 소바, 라면, 야키도리, 노바타야키에 이르기까지 다채로운 식문화를 체험할 수 있다. 음식 맛은 물론이고 위생면에 있어서도 안심할 수 있다.

식사비를 절약하고 싶다면 백화점 내 레스토랑, 고층빌딩의 지하상가 등의 레스토랑에서 1,000엔에서 2,000엔 전후의 가격으로 맛있는 음식을 즐길 수 있다. 이들 레스토랑은 팁이나 서비스 요금은 없지만 영어로 된 메뉴판이 준비되어 있지 않은 경우가 많기 때문에 레스토랑 입구에 전시되어 있는 플라스틱으로 만들어진 샘플을 참고하는 것이 좋다.

2. 일본의 전통을 간직한 료칸(旅館)

우아한 옛 귀족의 기분을 느끼며 일본에 머물고 싶다면 '료칸'이라는 일본풍의 숙소에서 하룻밤 정도 머물러 보는 것이 제일이다. 객실 크기는 싱글룸 정도의 넓이로, 바닥은 '다타미'라고 하는 짚으로 짜여진 전통적인 장판으로 되어 있고 그 위에는 작고 낮은 탁자가 놓여져 있다. 대부분의 료칸에는 공동목욕탕이 있으며, 여탕과 남탕이 구분되어 있다. 밤이 되면 메이드가 깔아주는 '후톤'이라고 하는 이부자리위에서 잠을 잔다.

'온센'이라고 불리는 고급온천 리조트의 대부분은 온천 근처에 료칸이 세워져 있는 장소를 가리킨다. 대부분의 료칸은 작은 건물로 10~15실 정도의 객실밖에 없으며, 작은 정원에 면하여 세워진 경우가 많다. 료칸의 요금은 매우 다양하여 비싼 요금을 받는 고급 료칸도 있지만, 보통 두 끼의 식사를 제공하는 1인 1박의 경우 12,000~20,000엔 정도이며, 세금과 서비스요금은 별도로 청구된다.

3. 일본의 택시

일본의 택시는 합승이 없으며 탑승을 기준으로 미터기에 표시된 금액만 지불하면 된다. 모든 역이나 큰 거리에서 쉽게 택시를 잡을 수 있는데, 시간이 촉박하거나 택시 잡기가 어려울 때는 전화를 걸거나, 내리기 전에 택시기사와 미리 약속을 해두면 정해진 시간에 편리하게 이용할 수 있다. 일본어를 하지 못한다 해도 일본어로 써진 주소나 명함을 제시하면 목적지까지 정확하게 데려다 준다. 빈 택시는 조수석 위쪽에 적색 램프가 점등되어 있으며, 이런 택시를 향해 손을 들면 선다.
일본에서는 바가지요금이나 불친절, 택시강도 등은 상상도 할 수 없으며 물건을 두고 내리더라도 택시회사만 알면 대부분 돌려받을 수 있다. 왼쪽 뒷좌석으로 승하차하며, 운전기사가 자동으로 문을 열고 닫아주므로 문에 다가설 때는 주의해야 한다. 기본요금은 지역마다 다른데 대략 600~660엔 정도(22시~05시 20% 할증)로 비싼 편이지만, 버스 기본요금이 200엔 정도인 것을 감안하면 3~5명이 단거리를 이동할 때는 오히려 경제적이다.

4. 일본의 소비세

일본에서는 1987년 4월부터 모든 제품과 서비스에 5%의 소비세를 부과하고 있다. 쇼핑센터를 이용할 때도 제품에 붙어 있는 가격에 5%를 더해서 계산해야 틀림이 없다. 단, 외국인은 지정된 면세점에서 합계 1만 엔 이상의 제품을 구입했을 경우 소비세 면세 혜택이 있다. 이때는 반드시 여권을 제시하고 상점에서 써주는 확인서를 받아 두는 것이 좋다. 일본 레스토랑 협회에 가입된 고급 레스토랑, 호텔 레스토랑에서는 5%의 세금 외에도 10~15%의 서비스 요금이 별도로 청구된다.

여행을 다니다 보면 어디서든 눈에 잘 띄는 꼭 알아야 할 게시판 문구들이 있다. 간단한 표지판, 안내문구 하나가 여행지에서는 매우 중요한 길잡이가 될 수 있다. 안내 표지판이나 경고 문구 등을 모르고 지나쳤다가 여행일정에 차질이 생기거나 사고, 위험상황 등에 처할 수 있으므로 주의해야 한다.

1. 거리에서 볼 수 있는 게시판

- 주의 注意(ちゅうい) [츄이] ■ 위험 危険(きけん) [기켕]
- 발 밑 주의 足下注意(あしもとちゅうい) [아시모또츄이]
- 머리 조심 頭注意(あたまちゅうい) [아타마츄이]
- 멈추시오 止(と)まれ [토마레]
- 건너지 마시오 渡(わた)るな [와타루나]
- 무단 침입금지 無断立入禁止(むだんたちいりきんし) [무단타찌이리킨시]
- 통행금지 通行禁止(つうこうきんし) [쯔―꼬우킨시]
- 막다른 곳 突(つ)き当(あ)たり [쯔끼아타리]
- 일방통행 一方通行(いっぽうつうこう) [잇뽀―쯔―코우]
- 주차장 駐車場(ちゅうしゃじょう) [츄―샤죠―]
- 주차금지 駐車禁止(ちゅうしゃきんし) [츄―샤킨시]
- 정차금지 停車禁止(ていしゃきんし) [테이샤―킨시]

2. 관광지에서 볼 수 있는 게시판

- 안내소 案内所(あんないしょ) [안나이쇼―]
- 매표소 切符売場(きっぷうりば) [킵뿌우리바]

- 무료입장 入場無料(にゅうじょうむりょう) [뉴-죠우-무료-]
- 금연 禁煙(きんえん) [킨엔]
- 촬영금지 撮影禁止(さつえいきんし) [사쯔에이킨시]
- 페인트 주의 ペイント注意(ちゅうい) [페이또츄이]
- 잔디에 들어가지 마시오 芝生(しばふ)に入(はい)らないで下(くだ)さい
  [시바후니 하이라나이데 구다사이]
- 출입금지 立入禁止(たちいりきんし) [타찌이리킨시]
- 사용 중 使用中(しようちゅう) [시요우-츄-]
- 사용중지 使用中止(しようちゅうし) [시요우츄시]
- 고장 故障(こしょう) [코쇼-]
- 입구 入口(いりぐち) [이리구찌]   ■ 출구 出口(でぐち) [데구찌]
- 비상구 非常口(ひじょうぐち) [히죠우-구찌]
- 휴대품 보관소 携帯品(けいたいひん)の預(あずか)り所(しょ)
  [게이타이빙노 아즈카리쇼]

3. 상점, 건물의 안내 표지판

- 당기시오 引(ひ)く [히꾸]   ■ 미시오 押(お)す [오스]
- 예약 됨 予約済(よやくず)み [요야꾸즈미]
- 셀프 서비스 セルフサービス [세르후 사-비스]
- 열림(엘리베이터) 開(かい) [카이]
- 닫힘(엘리베이터) 閉(とず) [토즈]
- 화장실 トイレ／お手洗(てあら)い [토이레/오테아라이]
- 남자용 男子用(だんしよう) [단시요우-]
- 여성용 女子用(じょしよう) [죠시요우-]
- 관계자 외 출입금지 関係者以外(かんけいしゃいがい)に立入禁止(たちいりきんし)
  [칸케이샤 이가이니 타찌이]
- 폐점 閉店(へいてん) [헤이텡]
- 할인 割引(わりびき) [와리비끼]

1_ 숫자 세기

0	れい	레이
1	いち	이찌
2	に	니
3	さん	상
4	し, よん	시, 용
5	ご	고
6	ろく	로꾸
7	しち, なな	시찌, 나나
8	はち	하찌
9	きゅう	큐-
10	じゅう	쥬-
11	じゅういち	쥬-이찌
12	じゅうに	쥬-니
13	じゅうさん	쥬-상
14	じゅうよん	쥬-용
15	じゅうご	쥬-고
16	じゅうろく	쥬-로꾸
17	じゅうしち	쥬-시찌
18	じゅうはち	쥬-하찌
19	じゅうきゅう	쥬-뀨-
20	にじゅう	니쥬-
30	さんじゅう	산쥬-

40	よんじゅう	욘쥬-
50	ごじゅう	고쥬-
60	ろくじゅう	로꾸쥬-
70	しちじゅう	시찌쥬-
80	はちじゅう	하찌쥬-
90	きゅうじゅう	규우쥬-
100	ひゃく	햐꾸
1,000	せん	셍
10,000	いちまん	이치망
하나	ひとつ	히또쯔
둘	ふたつ	후따쯔
셋	みっつ	밋쯔
넷	よっつ	욧쯔
다섯	いつつ	이쯔쯔
여섯	むっつ	뭇쯔
일곱	ななつ	나나쯔
여덟	やっつ	얏쯔
아홉	ここのつ	고고노쯔
열	とお	토-
첫번(째)	一番(目) いちばん(め)	이찌방(메)
두번(째)	二番(目) にばん(め)	니방(메)
세번(째)	三番(目) さんばん(め)	삼방(메)
네번(째)	四番(目) よんばんめ)	욤방(메)
다섯번(째)	五番(目) ごばん(め)	고방(메)
여섯번(째)	六番(目) ろくばん(め)	로꾸방(메)
일곱번(째)	七番(目) ななばん(め)	나나방(메)

왕초보 필수 단어

여덟번(째)	八番(目) はちばん(め)	하찌방(메)
아홉번(째)	九番(目) きゅうばん(め)	규-방(메)
열번(째)	番(目) じゅうばん(め)	쥬-방(메)

2_ 시간과 날짜

5분	5分(ごふん)	고훈
10분	10分(じゅっぷん)	쥬뿡
15분	15分(じゅうごふん)	쥬-고훙
20분	20分(にじゅっぷん)	니쥬뿡
30분	30分(さんじゅっぷん)	산주뿡/항
한 시간	一時間(いちじかん)	이찌지캉
두 시간	二時間(にじかん)	니지캉
세 시간	三時間(さんじかん)	산지캉
1시	一時(いちじ)	이찌지
2시	二時(にじ)	니지
3시	三時(さんじ)	산지
4시	四時(よじ)	요지
5시	五時(ごじ)	고지
6시	六時(ろくじ)	로쿠지
7시	七時(しちじ)	시찌지
8시	八時(はちじ)	하찌지
9시	九時(くじ)	구지
10시	十時(じゅうじ)	쥬-지
11시	十一時(じゅういちじ)	쥬-이찌지

12시	十二時(じゅうにじ)	쥬ー니지
1일	1日(ついたち)	쯔이따지
2일	2日(ふつか)	후쯔까
3일	3日(みっか)	믹까
4일	4日(よっか)	욕까
5일	5日(いつか)	이쯔까
6일	6日(むいか)	무이까
7일	7日(なのか)	나노까
8일	8日(ようか)	요ー까
9일	9日(ここのか)	고꼬노까
10일	10日(とうか)	도ー까
11일	11日(じゅういちにち)	쥬ー이찌니찌
12일	12日(じゅうににち)	쥬ー니니찌
13일	13日(じゅうさんにち)	쥬ー산니찌
14일	14日(じゅうよっか)	쥬ー욕까
15일	15日(じゅうごにち)	쥬ー고니찌
16일	16日(じゅうろくにち)	쥬ー로꾸니찌
17일	17日(じゅうしちにち)	쥬ー시찌니찌
18일	18日(じゅうはちにち)	쥬ー하치니찌
19일	19日(じゅうくにち)	쥬ー구니치
20일	20日(はつか)	하쯔까
21일	21日(にじゅういちにち)	니쥬ー이찌니찌
22일	22日(にじゅうににち)	니쥬ー니니찌
23일	23日(にじゅうさんにち)	니쥬ー상니찌
24일	24日(にじゅうよっか)	니쥬ー욕까
25일	25日(にじゅうごにち)	니쥬ー고니찌

26일	26日(にじゅうろくにち)	니쥬−로쿠니찌
27일	27日(にじゅうしちにち)	니쥬−시찌니찌
28일	28日(にじゅうはちにち)	니쥬−하치니찌
29일	29日(にじゅうくにち)	니쥬−구니치
30일	30日(さんじゅうにち)	산쥬−니찌
31일	31日(さんじゅういちにち)	산쥬−이찌니찌
아침	朝(あさ)	아사
낮	お昼(ひる)	오히루
저녁	夕方(ゆうがた)	유−가따
밤	晩, 夜(ばん, よる)	방, 요루
오전	午前(ごぜん)	고젠
오후	午後(ごご)	고고
오늘	今日(きょう)	교−
내일	明日(あした)	아시따
모레	明後日(あさって)	아삿떼
어제	昨日(きのう)	기노−

3_ 요일과 달

일요일	日曜日(にちようび)	니찌요−비
월요일	月曜日(げつようび)	게쯔요−비
화요일	火曜日(かようび)	가요−비
수요일	水曜日(すいようび)	스이요−비
목요일	木曜日(もくようび)	모꾸요−비
금요일	金曜日(きんようび)	깅요−비

토요일	土曜日（どようび）	도요-비
이번주	今週（こんしゅう）	곤슈-
다음주	来週（らいしゅう）	라이슈-
지난주	先週（せんしゅう）	센슈-
평일	平日（へいじつ）	헤이지쯔
1월	一月（いちがつ）	이찌가쯔
2월	二月（にがつ）	니가쯔
3월	三月（さんがつ）	상가쯔
4월	四月（しがつ）	시가쯔
5월	五月（ごがつ）	고가쯔
6월	六月（ろくがつ）	로꾸가쯔
7월	七月（しちがつ）	시찌가쯔
8월	八月（はちがつ）	하찌가쯔
9월	九月（くがつ）	구가쯔
10월	十月（じゅうがつ）	쥬-가쯔
11월	十一月（じゅういちがつ）	쥬-이찌가쯔
12월	十二月（じゅうにがつ）	쥬-니가쯔
이달	今月（こんげつ）	공게쯔
다음달	来月（らいげつ）	라이게쯔
지난달	先月（せんげつ）	셍게쯔
봄	春（はる）	하루
여름	夏（なつ）	나쯔
가을	秋（あき）	아끼
겨울	冬（ふゆ）	후유

5_ 방향

동쪽(의)	東(ひがし)	히가시
서쪽(의)	西(にし)	니시
남쪽(의)	南(みなみ)	미나미
북쪽(의)	北(きた)	기따
이쪽	(こっち)	곳찌
저쪽	(そっち)	솟찌
앞	前(まえ)	마에
뒤	後ろ(うしろ)	우시로
옆	横(よこ)	요꼬
반대편	反対側(はんたいがわ)	한타이가와
오른쪽	右(みぎ)	미기
왼쪽	左(ひだり)	히다리
직진	真直ぐ(まっすぐ)	맛스구

6_ 색깔

흰색	白色(しろいろ)	시로이로
검정색	黒色(くろいろ)	쿠로이로
파란색	青色(あおいろ)	아오이로
빨강색	赤色(あかいろ)	아까이로
노랑색	黄色(きいろ)	키이로
주황색	橙色(だいだいいろ)	다이다이이로
보라색	紫色(むらさきいろ)	무라사키이로

분홍색	桃色（ももいろ）	모모이로
녹색	緑色（みどりいろ）	미도리이로
금색	金色（きんいろ）	킨이로
회색	灰色（はいいろ）	하이이로
갈색	茶色（ちゃいろ）	챠이로
옥색	水色（みずいろ）	미즈이로
하얗다	白い（しろい）	시로이
까맣다	黒い（くろい）	쿠로이
파랗다	青い（あおい）	아오이
노랗다	黄色い（きいろい）	킨이로
빨갛다	赤い（あかい）	아까이
밝다	明るい（あかるい）	아까루이
어둡다	暗い（くらい）	쿠라이
연하다	薄い（うすい）	우스이
진하다	濃い（こい）	코이

7_ 공공장소

학교	学校（がっこう）	각꼬-
도서관	図書館（としょかん）	도쇼캉
파출소	交番（こうばん）	고-방
은행	銀行（ぎんこう）	깅꼬
우체국	郵便局（ゆうびんきょく）	유-빙교쿠
병원	病院（びょういん）	뵤-잉
호텔	ホテル	호테루
신사	神社（じんじゃ）	진쟈

HD어학교재연구회

외국어 초보자를 위한 단어/어휘 분야 · 회화입문서 등의 어학 교재를 개발하고 기획 편집, 집필하였다. 주요 저서로는 <왕초보를 위한 일본어회화 활용사전> <왕초보 한일 단어사전> <왕초보 일한 단어사전> 등이 있다.

왕초보 생활일본어 100

지 은 이 HD어학교재연구회
감   수 사와이 유끼꼬
본문편집 김현우
디 자 인 오르고(book@designer.korea.com)

펴 낸 날 2006년 1월 20일 초판 1쇄 발행
          2007년 7월 10일 초판 4쇄 발행
펴 낸 이 천재민
펴 낸 곳 하다북스
출판등록 2003년 11월 4일 제9-124호
주   소 (142-802) 서울시 강북구 미아4동 5-21 경남상가 201호
전   화 영업부 (02)6221-3020 · 편집부 (02)6221-3021
팩   스 (02)6221-3040
이 메 일 doingbooks@empal.com

copyright ⓒ 2006 by Doingbooks
ISBN 89-92018-10-X 13730

* 가격은 뒤표지에 있습니다. 잘못된 책은 교환해 드립니다.